하나, 둘, 그리고 여럿…

당신에게 드리는 도시락 선물

용동희 요리

따뜻한 선물, 도시락

이제 고3이 된 조카의 선생님 도시락이 나의 첫 번째 도시락 선물이었다.
어떻게라도 선생님께 감사의 뜻을 전하고 싶었기에, 그 마음을 도시락에 정성껏 담아서 보내드렸다.
내게 있어서 도시락을 싸는 일은 재미있고 즐거운 일이다.
가끔씩 도시락 선물을 하고 싶다고 부탁하는 사람들에게, 나는 먼저
'본인이 직접 싸는 것은 어떨까요? 그렇게 어려운 일이 아니에요…….' 라고 말을 시작한다.
상대에게 전하고 싶은 마음은 본인이 가장 잘 전달할 수 있기 때문이다.
그런데 대부분은 요리에 자신이 없어서인지 손사래를 치곤 한다.
도시락은 맛이 있든 없든 그 자체가 훌륭한 맛이고 선물이다.
아마도 음식을 하나하나 만들면서 마음에서 우러난 '행복하세요. 그리고 오늘도 파이팅하세요'라는
메시지가 음식에 담겨 있기 때문이 아닌가 싶다.
많은 양념이 필요하지 않다. 그리고 많은 기술도 필요하지 않다.
그냥 나의 진심만 전달된다면, 그것으로 좋은……, 이 세상 최고로 따뜻한 선물, 그것이 도시락이다.

하나, 둘, 그리고 여럿 … 언제든 행복한 도시락의 주인공
용동희

일러두기

- 각 레시피에 나오는 재료의 분량은 한 사람을 위한 도시락은 1인분, 둘의 마음을 나누는 도시락은 2인분, 여럿이어서 더 즐거운 도시락은 4~6인분 기준. 단, p.228 Episode 27의 재료와 레시피는 1인분 기준.
- 입맛에 맞게 소금과 후추로 나머지 간을 한다.
- 재료와 레시피에서 1컵은 200ml, 1큰술은 15ml, 1작은술은 5ml.
- 재료 중 식용유는 카놀라유, 포도씨유, 현미유 등으로 대체 가능하다.
- 각 도시락마다 포장 방법에 대한 아이디어를 소개하였다.

Contents

먼저, 도시락 싸기 이것만 알면

Basic

- 8   도시락, 고정관념을 버리자
- 10   알맞은 도시락 용기를 고르자
- 12   반찬을 담을 때 유용한 용기
- 14   차곡차곡 순서대로 도시락에 담는 기술
- 16   도시락을 빛나게 하는 장식용 음식
- 18   도시락을 돋보이게 하는 보자기와 젓가락집

Knowhow

- 38   선물로 변신하는 도시락
- 40   도시락을 돋보이게 하는 리본 묶기
- 46   도시락을 돋보이게 하는 꾸밈 아이템

Best menu

- 48   도시락의 베스트 메뉴, 김밥
- 52   김밥의 변신, 캘리포니아롤
- 55   빠질 수 없는 도시락 메뉴, 샌드위치

하나, 한 사람을 위한 도시락

- 64   기차에 오르는 순간   쌈 도시락 · 삶은 달걀 · 사이다   66
- 70   출근길 든든한 손   길거리표 토스트 · 우유   72
- 76   일요일 아침 독서 산책   에그 샌드위치 · 커피 · 사과   78
- 82   나홀로 산행   멸추김밥 · 채소스틱   84
- 88   출장길   삼각밥 · 비엔나 샐러드   90
- 96   워킹맘, 아이의 소풍   표정캐릭터 유부초밥 · 과일소시지 꼬치   98
- 104   우리 아이 예쁘게 봐주세요!   캘리포니아롤 · 월남쌈   106
-               새우샐러드 · 치아바타 샌드   108
- 112   남편의 복근 도시락   양배추 현미쌈밥 · 곤약조림 · 과일   114
- 118   아내의 다이어트 도시락   보리 브리또 · 다이어트 샐러드   120
- 124   야근하는 거 맞나? 불쑥!   충무김밥 · 콩나물국   126

둘, 둘의 마음을 나누는 도시락

132	아이와 단둘이서	버라이어티 주먹밥 · 비엔나 샌드위치	134
138	정말 데이트?	스팸초밥 · 불고기 샌드	140
144	일요일 아침, 하이킹	3단 컵밥 · 동치미	146
148	이른 새벽 산행	비빔밥 · 묵사발	150
154	놀이터로 소풍가기	꼬마김밥 · 미니 사과	156
158	두근두근 군대 면회 가는 길	불고기 쌈밥 · 치킨너겟 · 달걀말이 · 과일	160
164	한밤의 드라이브	식빵 핫도그 · 유자 아이스	166
170	부르면 OK! 친구야 놀러가자	내맘대로 김말이 · 토마토 마리네이드	172
176	먹고 힘내자! 문병 가는 길	전복죽 · 전복구이 덮밥 · 물김치 · 귤	178
182	여보, 나 외출해요! 저녁은 도시락	두부 동그랑땡 · 감자샐러드 · 어묵볶음	184

여럿, 여럿이어서 더 즐거운 도시락

190	힘을 내요, 미스터 Lee!	치킨 스낵랩 · 바질파스타 · 탄산소다	192
196	이웃간 단합대회	지라시 스시 · 핫도그 샌드 · 수박바 · 바게트	198
204	아이의 추억, 운동회	따로따로 김밥 · 치킨윙	206
210	오늘밤 1703호, 맥주파티!	새우 스프링롤 · 나초피자 · 토마토치즈 꼬치	212
216	산소 가는 길	호밀빵 샌드위치 · 견과류 스낵	218
222	캠핑장, 바비큐 파티	모둠 바비큐 · 파스타 샐러드 · 허브 아이스	224
228	암 유어 팬! 팬심 도시락	동글동글 스시 · 쇼콜라	230
		차돌박이 구이 · 자몽 샐러드 · 과일주스	232
236	유치원 간식 선물	미니햄버거 · 얼굴과자 · 캔디박스 · 마시멜로 목걸이	238
242	부모님 어깨 으쓱 도시락	모둠쌈밥 · 더덕구이 · 데리야키 연어	244
248	포트락 파티	연어초밥 케이크 · 오픈 샌드위치	250
		애플파이	252

Basic

도시락, 고정관념을 버리자
알맞은 도시락 용기를 고르자
반찬을 담을 때 유용한 용기

차곡차곡 순서대로 도시락에 담는 기술
도시락을 빛나게 하는 장식용 음식
도시락을 돋보이게 하는 보자기와 젓가락집

Knowhow

선물로 변신하는 도시락
도시락을 돋보이게 하는 리본 묶기
도시락을 돋보이게 하는 꾸밈 아이템

Best menu

도시락의 베스트 메뉴, 김밥
김밥의 변신, 캘리포니아롤
빠질 수 없는 도시락 메뉴, 샌드위치

먼저,

도시락 싸기 이것만 알면

도시락, 고정관념을 버리자

도시락 메뉴는 특별해야 한다(X)
도시락을 쌀 때 가장 고민되는 것이 메뉴 구성이라면, 먼저 그 생각부터 버리자. 밥상 위의 밥과 반찬을 도시락 통에 담는 것이라고 단순하게 생각하면, 도시락이 좀 더 친근하게 느껴진다. 물론 한여름에는 쉽게 상하는 연어나 식으면 비린내가 나는 생선반찬을 피하는 등 도시락에 적합한 반찬을 골라야 하지만, 일반 상식에 맞게 메뉴를 구성한다면 누구나 도시락 싸는 즐거움을 누릴 수 있다.

반찬은 2~3가지 정도면 된다(O)
밥, 주메뉴, 그리고 냉장고에 있는 김치를 비롯한 밑반찬 1~2가지면 도시락을 싸기에 충분하다. 다시 말해 주메뉴만 만들면 새롭고 맛있는 도시락을 만들 수 있다.

흔들려도 섞이지 않게 도시락 용기를 꽉 채운다(O)
도시락은 들고 이동하는 경우가 대부분이다. 비빔밥이 아닌 이상, 밥과 반찬들이 이동 중에 흔들려서 섞이면 맛을 유지할 수 없다. 비법은 한 가지, 움직여도 반찬이 섞이지 않게 도시락 안을 꽉 채우는 것! 밥과 반찬보다는 과일이나 채소 등을 이용하여 빈 공간을 채워보자.

반찬은 서로 닿지 않는 것이 좋다(O)
일반적으로 3가지 이상의 반찬을 담는데, 서로 닿지 않게 담는 것이 중요하다. 도시락 용기 자체에 파티션이 되어 있는 경우도 있지만, 없을 때는 잎채소, 유산지, 포일, 실리콘컵, 은박지컵, 종이컵 등을 이용하여 반찬이 서로 닿지 않게 구역을 나눠서 담는다. 반찬 색깔이 비슷비슷하고 특징이 없을 때는 컬러풀한 파티션으로 포인트를 줄 수 있다.

음식이 식기 전에 뚜껑을 닫는다(X)
도시락 메뉴는 만들었을 때의 온도 그대로 먹을 수 없는 경우가 대부분이다. 따라서 온도가 내려가거나 올라가도 맛이 크게 변하지 않는 메뉴가 좋다. 그렇지만 온도를 유지하겠다고 따뜻한 밥과 반찬을 식히지 않고 그대로 뚜껑을 닫는 것은 절대 해서는 안 되는 일! 따뜻할 때 뚜껑을 닫으면 음식의 열기 때문에 뚜껑에 물방울이 맺혀서 음식 위로 다시 떨어지는데, 그렇게 되면 맛이 떨어질 뿐만 아니라 상하기도 쉽다. 도시락용 밥과 반찬은 모두 식힌 다음에 뚜껑을 닫는 것이 원칙이다.

알맞은 도시락 용기를 고르자

도시락에 담겨 있는 음식이 선물이라면, 도시락 용기는 선물을 보기 좋게 만드는 포장이다. 포장을 어떻게 하는지에 따라 선물의 가치가 달라지는 법. 그때그때 상황에 알맞은 도시락 용기를 선택하여 도시락을 선물로 변신시켜보자.

일반 도시락 용기

스테인리스 도시락 친환경 소재를 사용하고 싶다면 스테인리스 재질의 도시락 용기를 선택한다. 음식의 양과 메뉴에 따라 1단, 2단, 원형, 사각형 등 다양한 모양과 크기가 있다.

법랑 도시락 법랑은 금속 표면에 유리질 유약을 덧입혀서 금속의 강함과 유리의 청결성을 모두 갖춘 제품이다. 음식 냄새나 색이 배지 않는 것이 장점으로 도시락 용기나 밀폐용기로 사용할 수 있다.

나무 도시락 나무로 만든 도시락 용기는 음식의 맛과 풍미를 지켜준다. 마감처리나 원산지를 확인하고 구입한다.

대나무 도시락 주먹밥, 샌드위치 등을 담아서 야외로 나갈 때 잘 어울리는 도시락 용기이다. 통기성이 좋고 자연스러운 분위기를 연출할 수 있다.

플라스틱 도시락 다양한 모양, 컬러, 크기가 있으며 가벼워서 사용하기 편하다.

보온 도시락 따뜻하게 먹어야 하는 국이나 죽 등을 쌀 때 사용한다.

아이디어 도시락 용기

일회용 도시락 선물용 도시락의 경우, 용기를 다시 돌려받을 수 없으므로 일회용 도시락 용기를 사용하는 것이 좋다. 피크닉이나 등산을 갈 때도 사용하면 편리하다. 플라스틱 용기 외에 종이로 만든 것도 있으며, 음식을 포장 주문할 때 담아주는 원형용기도 밑반찬 용기로 재활용하면 좋다.

선물용 종이상자 적당한 크기의 단단한 종이상자를 깨끗하게 보관해두면, 도시락을 선물할 때 활용하기 좋다. 종이상자를 사용할 때는 안에 유산지를 깔고 물기 없는 음식 위주로 싼다.

플라스틱 과일케이스 시판용 플라스틱 과일케이스는 단단하고 투명하여 도시락 용기로 재활용하면 좋다. 손잡이가 있는 케이스는 들기 편해서 도시락 용기로 제격이다.

나무 케이크 상자 나무로 만든 둥근 케이크 상자를 도시락 용기로 활용하면 가볍고 보기에도 좋다. 사이즈가 다른 케이크 상자를 겹쳐서 포장하면 케이크 모양이 된다.

일회용 나무 용기 뚜껑 없는 나무 용기는 음식을 담은 다음, 비닐로 한 번 더 포장해서 사용한다.

파운드케이크 상자 용기의 바닥 크기가 가방의 바닥 크기와 비슷한 파운드케이크 상자는 가방 안에 넣기 좋다. 상표에 예쁜 패턴지 등을 붙여서 가리면 감쪽같이 예쁜 선물상자로 변신한다.

반찬을 담을 때 유용한 용기

파티션 도시락 용기의 크기와 모양에 맞는 파티션을 사용하며, 국물이 없는 반찬을 담을 때 사용하기 좋다.

실리콘 컵 반찬을 담을 공간에 따라 용기의 모양이 변형될 수 있어 편리하다. 단, 양념이 진한 반찬을 담으면 색이 밸 수 있다. 담는 반찬들의 색감이 어두울 때는 컬러풀한 용기를 사용하여 포인트를 줄 수 있다.

종이 컵 국물이 자작하게 있는 반찬을 담을 때 좋다. 일회용이므로 양념이 많이 들어간 반찬도 색이 밸 걱정을 하지 않아도 된다.

은박지 컵 크기가 다양하므로 반찬의 양에 따라 선택할 수 있다.

종이포일 종이포일을 접어서 동그란 모양이나 사각모양을 만든 다음, 기름기가 있거나 물기가 살짝 있는 반찬을 담는다. 파티션이 없을 때 대신 사용해도 좋다.

차곡차곡 순서대로 도시락에 담는 기술

1 밥과 반찬을 함께 담을 경우, 도시락 용기에 먼저 밥을 담아 자리를 잡고, 반찬과 닿는 부분을 평평하게 만든다. 경계면을 정리할 때는 주걱으로 평평하게 누르거나 비닐랩을 덮어 손으로 모양을 잡아도 된다. 밥은 식혀서 도시락 용기에 담는 것이 좋은데, 뜨거운 밥을 담을 경우에는 식은 다음 반찬을 옆에 담는다.

2 용기에 파티션이 없을 경우, 반찬 국물이 밥에 스며들지 않도록 유산지 또는 넓은 잎채소로 칸막이를 대신한다. 깻잎, 상추처럼 잎이 넓은 채소로 바닥까지 모두 덮어야 반찬국물이 밥에 스며드는 것을 막을 수 있다.

3 반찬 가짓수가 많을 경우, 자리를 많이 차지하는 종류부터 담는다. 주로 주메뉴가 된다.

4 국물이 있는 반찬의 경우, 은박지컵, 실리콘컵을 이용하여 담는다. 실리콘컵이 없을 때는 종이컵을 3~4cm 높이로 잘라서 사용해도 된다.

5 반찬과 반찬 사이의 공간은 움직이지 않게 꽉 채우는 것이 원칙이다. 이동 중에는 흔들릴 수밖에 없지만 그래도 서로 섞이는 것을 최대한 막아야 한다. 작게 자른 과일이나 맛살, 비엔나소시지, 아스파라거스 등을 이용하여 빈 공간을 채우고, 그래도 채워지지 않은 공간이 있다면 치커리, 파슬리와 같은 푸른 잎채소를 잘라 사이에 끼우면 장식효과도 낼 수 있다.

6 흰밥 위에 후리카케, 치즈, 달걀지단, 소보로 등을 뿌리면 장식효과는 물론 맛도 더할 수 있다.

BASIC

도시락을 빛나게 하는 장식용 음식

도시락을 음식으로 가득 채우려고 해도 반찬과 반찬 사이에 빈 공간이 생기기 마련이다. 이런 공간을 그대로 두면, 이동 중에 흔들려서 원래 담았던 모양을 유지하기 어렵다. 빈 공간을 채우는 데 특히 효과적인 것이 잎채소와 작은 과일 등인데, 그냥 담기보다 간단하게 꾸며보면 맛은 물론 보기에도 좋아 장식용으로도 좋다. 특히 아이 도시락에 사용하기 좋은 아이템이다.

1 토마토, 삶은 메추리알, 그린 올리브를 순서대로 꽂아서 만든 꼬치
2 삶은 메추리알에 무순 잎과 검은깨, 당근으로 표정을 만든 병아리
3 햄, 노랑 파프리카, 빨강 파프리카, 둥글게 썬 고추를 꽂은 꼬치
4 그린 올리브, 페타치즈, 그린 올리브를 순서대로 꽂은 짭조름한 꼬치
5 당근을 미니 당근 모양으로 잘라서 데친 후, 파슬리를 꽂아서 만든 미니 당근
6 방울토마토를 얇게 저민 오이로 감싸 꼬치로 고정하고, 위에 노랑 파프리카를 올린 꼬치
7 비엔나소시지를 한쪽에만 두 번 칼집 내서 볶은 다음 검은깨, 홍고추, 김으로 모양을 낸 문어
8 비엔나소시지를 얇게 썰어서 꼬치에 꽂고, 얇게 저민 오이와 검은깨로 장식한 물고기 모양의 꼬치
9 달걀지단을 돌돌 말고 사이사이에 우엉조림을 꽂은 꼬치
10 2등분한 방울토마토와 포도를 마주 꽂고, 청포도를 함께 꽂은 꼬치
11 비엔나소시지를 비스듬히 잘라서 반대방향으로 꽂은 하트모양 꼬치

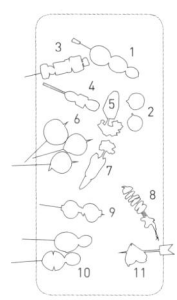

BASIC

도시락을 돋보이게 하는 보자기와 젓가락집

도시락은 마음을 담는 그릇이다. 종이봉지나 비닐봉투에 넣어서 건네는 것보다 도시락과 잘 어울리는 다양한 컬러와 소재의 천으로 보자기나 주머니를 만들어서 정성껏 싼 도시락을 전한다면 그 마음이 배가 되어 전달될 것이다.

일반적으로 도시락을 싸기 위해서는 가로세로가 45~50cm인 천이 필요하다. 시중에서 판매하는 도시락보를 사용해도 좋지만, 집에 있는 천이나 남편의 낡은 와이셔츠를 잘라서 만들어보면 어떨까?

젓가락은 예쁜 종이로 접은 젓가락집에 넣어서 도시락과 함께 싸면 도시락 포장의 포인트가 될 뿐만 아니라 위생적인 면에서도 좋고, 주는 사람의 섬세한 배려까지도 느낄 수 있을 것이다.

나비 보자기

HOW TO

1 보자기를 마름모 모양으로 놓고 도시락을 가운데에 올린 다음 c를 위로 올려 덮어서 도시락을 감싼다.
2 a를 내려 도시락 전체를 팽팽하게 감싼다.
3 b와 d를 가운데에서 한 번 묶는다.
4 다시 한 번 좌우가 대칭이 되도록 팽팽하게 묶는다. 가운데 매듭을 보기 좋게 정리한다.

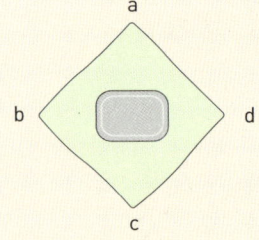 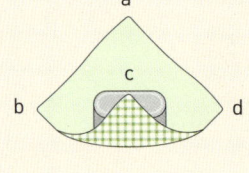 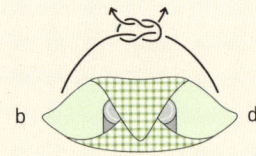 

기본 묶기

① ② ③ ④

겹나비 보자기

HOW TO	
	1 보자기를 마름모 모양으로 놓고 도시락을 가운데에 올린다.
	2 a와 c를 가운데에서 한 번 묶는다.
	3 b와 d를 한 번 묶는다.
	4 a와 c를 기본 묶기로 묶는다.(p.20 ③ ④ 참조)
	5 b와 d를 4와 같이 기본 묶기로 묶는다.
	6 묶은 a-c와 b-d가 서로 교차되도록 정리한다.

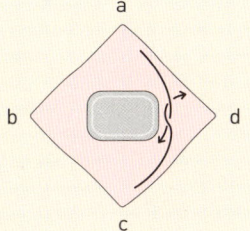
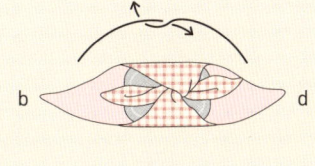

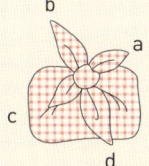

쌍나비 보자기

HOW TO	1 보자기를 마름모 모양으로 놓고 도시락을 가운데에 올린다. 2 a와 c를 가운데에서 한 번 묶는다. 3 a와 b를 한 번 묶은 다음, 다시 한 번 묶는다. 4 c와 d를 한 번 묶은 다음, 다시 한 번 묶는다.

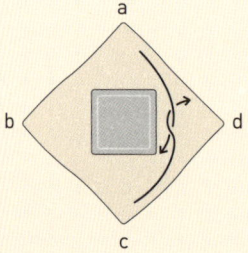 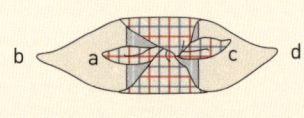

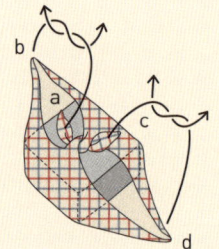 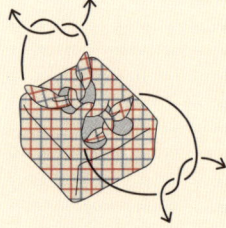

나비손잡이 보자기

HOW TO	1 보자기를 네모 모양으로 놓고 도시락을 가운데에 올린다. 2 a와 b, c와 d를 각각 두 번씩 묶는다.(p.20 기본 묶기 참조) 3 한쪽 묶음을 그림처럼 다른 묶음 아래의 구멍으로 넣어서 위로 뺀다.

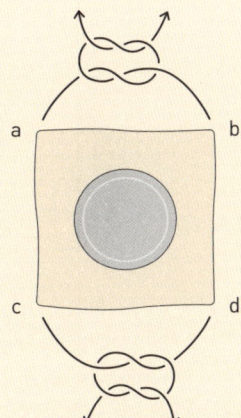 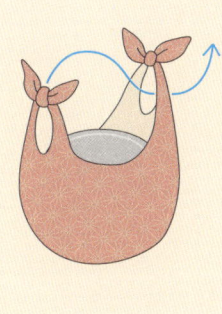

삐삐머리 보자기

HOW TO

1 보자기를 마름모 모양으로 놓고 도시락을 가운데에 올린다.
2 a와 c를 각각 한 번씩 묶는다.
3 b와 d를 가운데에서 두 번 묶는다.(p.20 기본 묶기 참조)

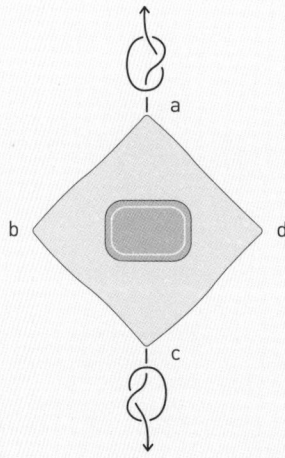
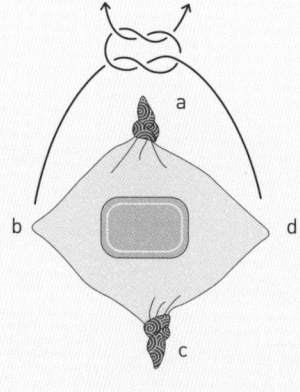

똥머리 보자기

HOW TO

1 보자기를 마름모 모양으로 놓고 도시락을 가운데에 올린다.
2 a, b, c, d를 가운데에 모두 모아서 고무줄로 단단히 묶는다.
3 가장자리를 뒤집어서 동그랗게 만든 다음, 다시 한 번 고무줄로 묶는다.

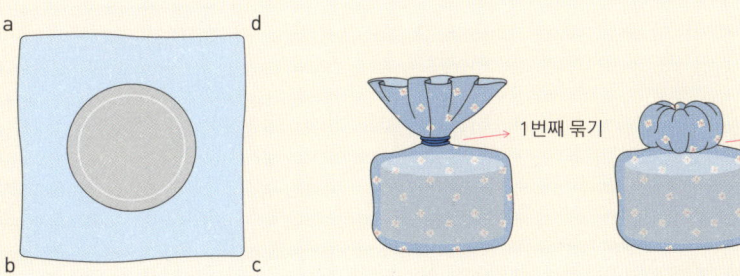

일자손잡이 보자기

HOW TO

1 길이가 도시락 용기 둘레의 3배 정도 되고, 폭은 10~12㎝ 되는 천을 준비해서 폭이 4~5㎝가 되도록 길게 3등분하여 접는다.
2 천 위에 그림처럼 도시락을 올리고 가운데에서 한 번 묶는다.
3 양쪽 천을 그림처럼 한 방향으로 가지런히 정리한 다음, 끈 끝을 가로 끈 아래로 넣어서 계속 돌린다.
4 젓가락 또는 냅킨을 사이에 끼운다.

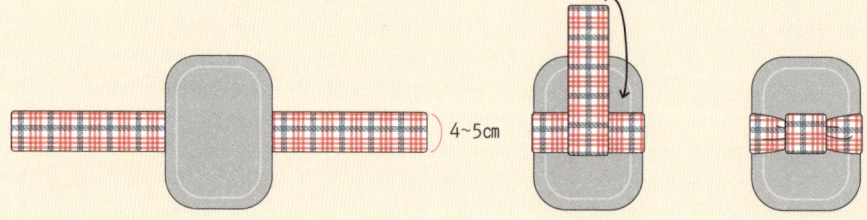

사탕 보자기

HOW TO	1 직사각형의 보자기를 가로로 길게 놓고 도시락을 가로로 가운데에 올린다. 2 위아래를 접어서 도시락을 감싼다. 3 양옆을 고무줄로 묶어서 사탕 모양을 만든다. 컬러고무줄이나 리본으로 장식해도 좋다.

 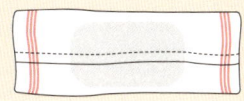 

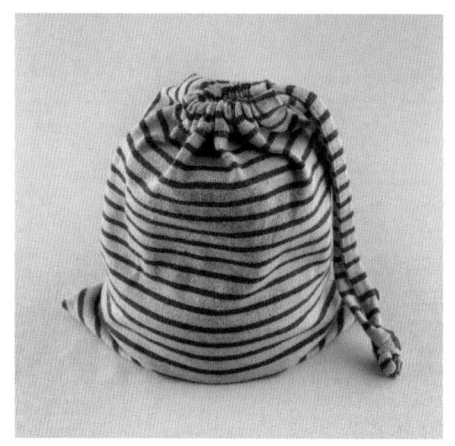

다용도 주머니

HOW TO	1 끈을 잡아당겨 여며지는 주머니는 도시락 용기가 여러 개일 때 활용하면 좋다. 2 주머니 속 공간이 넉넉해서 간식이나 음료수를 함께 넣어도 좋다.

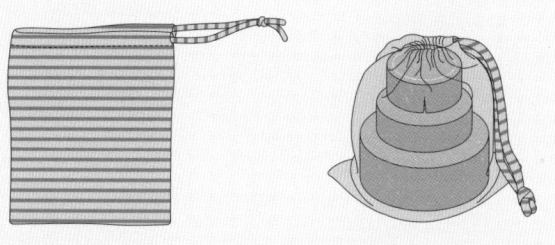

병 보자기

| HOW TO | 1 보자기를 마름모 모양으로 놓고, 위쪽에 2개의 병을 밑바닥이 마주보게 놓는다.
2 화살표 방향으로 굴려서 만다.
3 병을 세우고 양끝을 두 번 묶는다. |

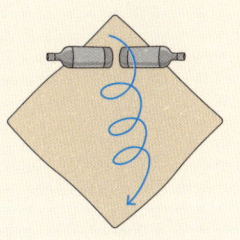 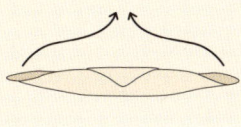 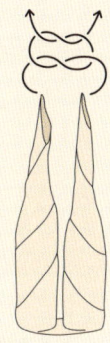

서류 보자기

HOW TO	1 보자기나 포장지를 마름모 모양으로 놓고 도시락을 가운데에 올린다. 2 c, b, d, a의 순서로 접어서 모서리 부분을 가지런히 정리한다. 3 끈이나 리본으로 가운데를 묶어서 고정한다.

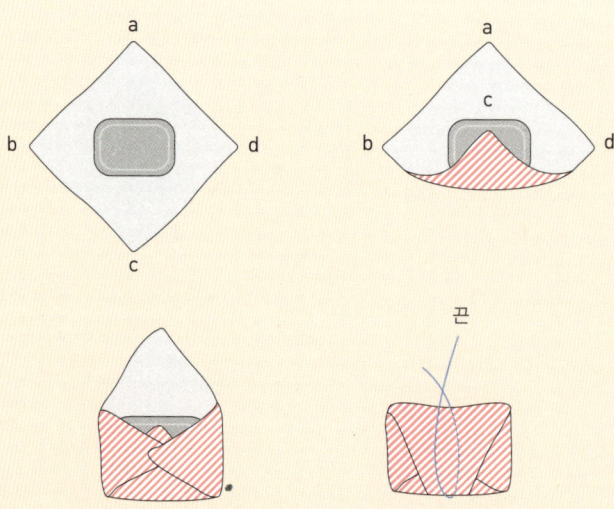

천 꾸미기

적당한 천이 없을 때는 낡은 셔츠나 사용하지 않는 천을 잘라서 예쁘게 꾸며도 좋다. 천을 가로세로 50×50㎝ 정도로 자른 다음, 여러 가지 예쁜 모양틀에 스탬프 잉크를 묻혀서 찍으면 특별한 보자기로 변신한다.
모양틀이 없으면 지우개에 원하는 무늬를 그려서 조각도와 칼로 다듬은 다음, 잉크를 묻혀서 찍어도 좋다.

손잡이 달기

보자기에 손잡이를 달면 들고 다닐 때 편리하다. 가로세로 50×50㎝의 천에 아래 사진처럼 손잡이를 단다. 손잡이는 도시락 무게를 견딜 수 있도록 질기고 도톰한 천으로 다는데, 보자기와 같은 천도 좋지만 도톰하고 튼튼한 리본으로 간편하게 손잡이를 만들어도 좋다.

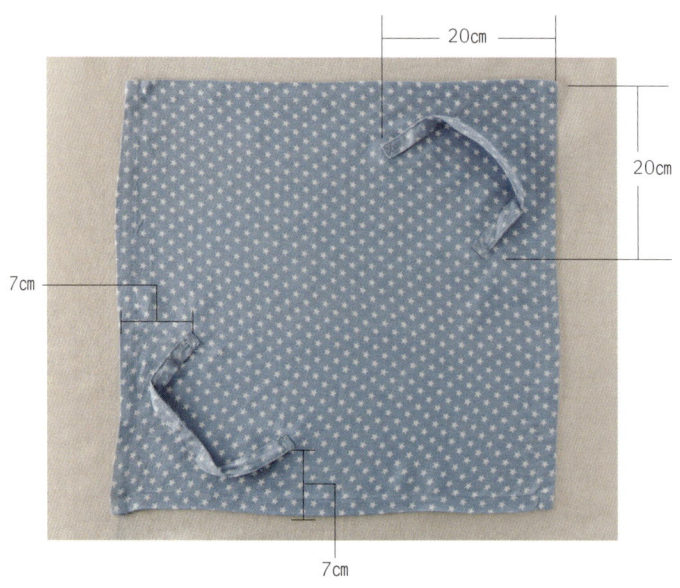

젓가락집 1

HOW TO

1 A4 종이를 가로로 놓고 세로로 3등분해서 자른다.
2 3등분으로 자른 종이를 세로로 다시 3등분해서 접는다.
3 밑에서부터 8cm 되는 위치를 위로 접는다.
4 접은 부분을 왼쪽으로 90°가 되게 사선으로 접는다.
5 접힌 종이를 뒤로 돌려서 접은 다음, 끝을 사선으로 접어 삼각형을 만든다.
6 4에서 사선으로 접은 부분에 생긴 틈에 삼각형의 끝을 끼워 넣는다.
7 젓가락 길이에 맞게 잘라서 길이를 조절한 다음, 뒤로 돌리면 완성.

 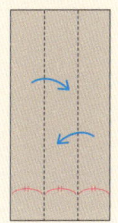 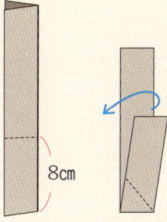 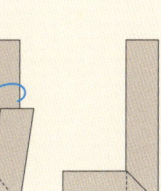 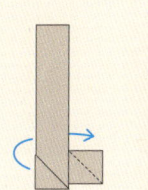 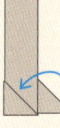

젓가락집 2

HOW TO	1 가로세로 15×16㎝ 크기의 종이를 준비한다. 2 그림처럼 위쪽 끝부분이 마름모 모양이 되도록 양옆의 종이를 접어서 접는 선을 만들어 놓는다. 3 선을 따라 a, b를 접어나간다. 4 c를 한 번 더 접고, d를 마지막으로 접는다. 5 아랫부분은 뒤쪽으로 접어서 마무리한다.

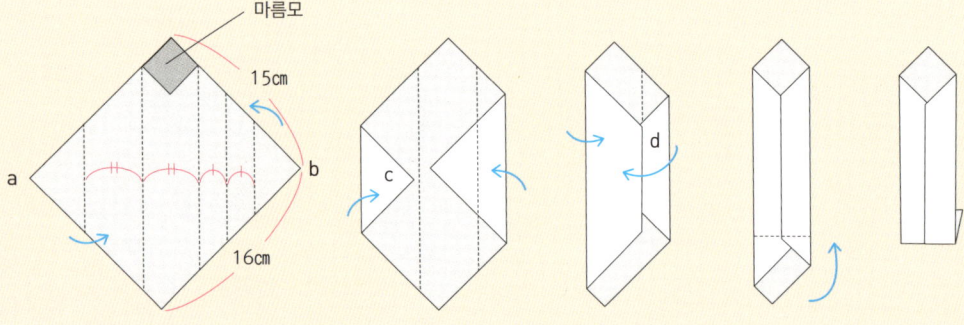

젓가락집 3

HOW TO

1 A4 종이를 가로로 놓고 4등분해서 자른다.
2 4등분으로 자른 종이를 세로로 3등분해서 접는데, 왼쪽 끝은 그림처럼 0.5㎝ 정도 뒤로 접어 놓는다.
3 오른쪽 끝은 다음 겉면이 앞으로 오게 접고, 아랫부분을 그림처럼 긴 삼각형이 되게 접는다.
4 왼쪽을 겉면이 앞으로 오게 접고, 아랫부분을 젓가락 길이에 맞춰서 뒤로 접는다.

 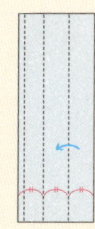  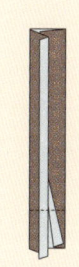 

젓가락집 4

HOW TO

1 A4 종이를 가로로 놓고 3등분해서 자른다.
2 3등분으로 자른 종이를 세로로 4등분해서 접는 선을 만들어 놓는다.
3 오른쪽 끝을 그림처럼 0.5㎝ 정도 뒤로 접는다.
4 오른쪽 윗부분을 그림처럼 삼각형으로 접는다.
5 왼쪽 윗부분은 그림처럼 2칸을 차지하게 삼각형으로 접는다.
6 접는 선을 따라 왼쪽부터 1칸씩 2번 접고, 마지막으로 오른쪽을 접는다.
7 아랫부분을 젓가락 길이에 맞춰서 뒤로 접는다.

 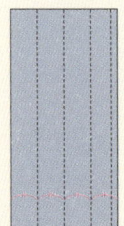 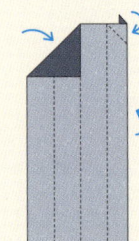 

숟가락집

HOW TO

1 A4 종이를 가로로 놓고 2등분해서 자른 다음, 자른 종이를 다시 가로로 놓고 3등분해서 접는 선을 만들어 놓는다.
2 왼쪽 윗부분을 그림처럼 삼각형으로 접는다.
3 오른쪽부터 접은 다음, 아랫부분의 좌우를 앞으로 접어서 고깔모양으로 겹치게 한다.
4 공간이 넓어 숟가락이나 포크를 넣으면 좋다.

 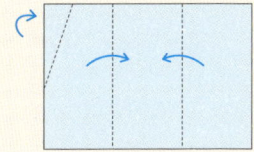   

선물로 변신하는 도시락

도시락은 선물이다. 아이에게 주는 선물, 남편에게 주는 선물, 친구에게 주는 선물, 그리고 나에게 주는 선물. 선물은 그냥 주는 것보다 보기 좋게 포장해서 주면 내 마음과 정성을 더 담는 것 같아 기분도 좋다. 선물의 느낌을 살리려면 종이상자를 이용해보자. 종이상자는 도시락 용기를 넣어도 망가지지 않는 단단한 상자여야 하고, 열었을 때 도시락의 구성품목이 잘 정리되어 있어야 한다. 안의 내용물이 보이는 창이 있는 종이상자라면 더욱 좋다. 종이상자 안에 공간이 생기면 이동 중에 내용물이 흔들리므로 주스, 냅킨, 커트러리, 물티슈 등으로 공간을 채워서 흔들리지 않게 한다. 종이상자 뚜껑에 원하는 메시지를 쓰거나, 직접 네임태그를 프린트해서 붙이면 더 의미 있는 선물이 될 것이다. 마지막에 리본으로 묶어서 장식하면 선물의 느낌이 더 잘 살아난다.

준 비 물 종이상자 / 네임태그 / 리본 / 스티커 / 젓가락집 / 물티슈 / 냅킨 / 카드

도시락을 돋보이게 하는 리본 묶기

정성껏 만들어서 포장한 도시락을 선물로 빛나게 해주는 리본 묶기. 예쁘게 리본을 묶는 것만으로도 선물하는 사람의 마음이 더해져 도시락의 느낌이 달라진다. 여기서는 기능적이면서도 장식성을 겸비한 기본적인 리본 묶기 4가지를 소개한다. 도시락이 아니어도 여러 가지 선물 포장에 응용할 수 있다.

리본 묶기1

HOW TO

1 상자에 리본을 가로로 돌리고 가운데에서 교차시켜 세로로 돌린다.
2 그림처럼 b가 a를 지나 ＋교차 아래로 통과한 다음, 대각선 방향으로 a와 b를 잡아당긴다.
3 a를 고리모양으로 만들고 b를 화살표 방향으로 a의 고리 주위를 1바퀴 돌린 다음, b를 고리모양으로 만들어서 화살표 방향으로 뺀다.
4 양쪽 고리를 잡아당겨서 단단히 묶고, 리본을 원하는 길이로 자른다.

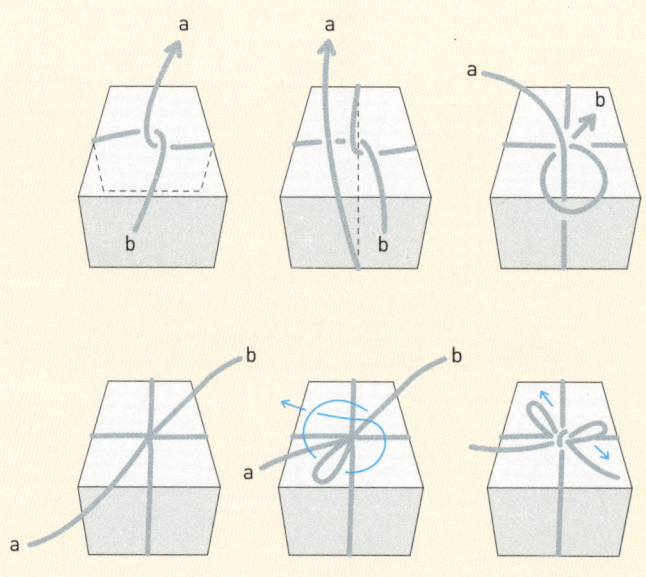

리본 묶기 2

HOW TO

1 그림처럼 마주보는 상자 모서리에 리본을 걸치면서 비스듬히 리본을 돌린 다음, b가 상자 위를 지나도록 세로로 1바퀴 돌린다.
2 a와 b를 묶고 리본을 만들어 원하는 길이로 자른다.

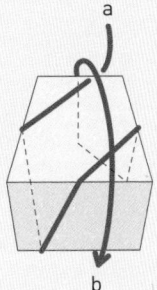

리본 묶기 3

HOW TO	1 그림처럼 마주보는 상자 모서리에 리본을 걸치면서 비스듬히 돌린다. 2 a와 b를 묶고, 리본을 만들어 원하는 길이로 자른다.

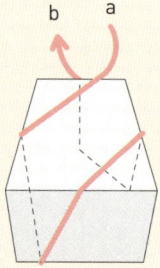 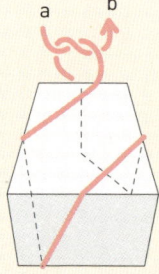

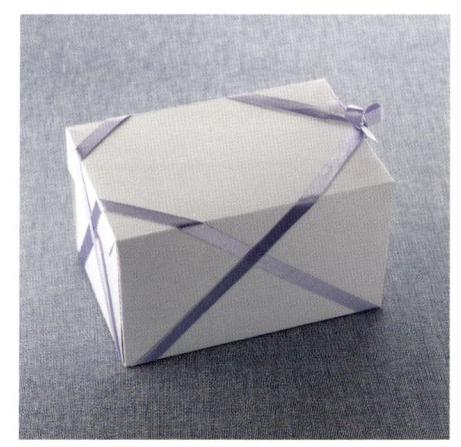

리본 묶기 4

HOW TO

1 그림처럼 마주보는 상자 모서리에 리본을 걸치면서 비스듬히 돌린다.
2 a와 b를 교차시킨 다음 반대방향으로 1처럼 상자 모서리에 리본을 걸치면서 비스듬히 돌려서 묶고, 리본을 만들어 원하는 길이로 자른다.

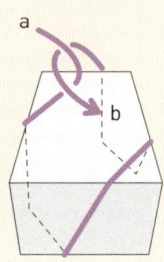 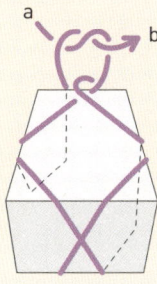

도시락을 돋보이게 하는 꾸밈 아이템

편지로 마음 전하기
평소에 전하기 쑥스러운 감사의 말이나 응원 메시지 등을 도시락에 곁들이면 마음을 전달하는 좋은 방법이 된다. 도시락을 정성껏 준비하는 것만으로도 충분하지만, 한 줄 메모를 더한다면 한 번 더 감동을 줄 수 있을 것이다.
도시락 바닥에 편지를 적은 종이를 깔고, 비닐랩이나 너무 얇지 않은 비닐을 도시락 모양대로 잘라서 메모지 위에 얹는다. 그리고 그 위에 밥을 담으면 다 먹고 난 후에 정성어린 메시지를 볼 수 있다.

깃발 만들기
도시락을 열었을 때 깃발 같은 장식품이 꽂혀 있으면 도시락 분위기가 확 달라진다. 도시락 장식용 깃발을 구하기 어렵다면 이쑤시개를 이용해서 직접 만들어보자. 이쑤시개를 알맞은 길이로 자르고, 무늬가 있는 마스킹테이프를 붙이면 간단하게 만들 수 있다. 마스킹테이프가 없으면 햄, 유부, 어묵과 같은 얇은 식재료 등을 잘라서 꽂아도 되고, 패브릭, 종이 등을 잘라서 양면테이프로 붙여도 좋다. 식사 후에 이쑤시개가 필요할 때 깃발을 요긴하게 사용하면 좋다.

모양틀 활용하기
샌드위치 모양 내기 딸기잼이나 땅콩잼을 바르는 것만으로도 간단하고 재미있는 샌드위치를 만들 수 있다. 식빵에 잼을 바른 다음, 그 위에 여러 가지 모양틀로 찍어서 구멍을 낸 식빵을 덮어 안의 내용물이 보이게 하면 보기에 재미있는 잼 샌드위치가 된다.
오므라이스 오므라이스의 경우, 달걀지단을 모양틀로 찍어서 밥에 덮으면 도시락 뚜껑을 열었을 때 즐거움을 줄 수 있다.
후리카케 모양 내기 흰밥 위에 후리카케 또는 생선살이나 고기를 잘게 다져서 볶은 소보로 등을 얹어 모양을 내면 평범한 밥에 장식과 맛을 더할 수 있다. 밥 위에 모양틀을 얹고 틀 안쪽에 후리카케 또는 소보로를 뿌린 다음, 모양틀을 빼면 밥 위에 다양한 모양을 디자인할 수 있다.

도시락의 베스트 메뉴, 김밥

누가 뭐라 해도 도시락의 최강 메뉴는 김밥이다. '도시락'하면 '김밥'이 가장 먼저 떠오르는 것을 부정할 수는 없다. 이렇듯 도시락의 베스트 메뉴인 김밥을 잘 만드는 비결은 무엇일까? 가장 먼저 필요한 것은 김밥에 대한 고정관념을 버리는 것이다. 김밥 재료는 정해져 있지 않다. 꼭 달걀과 시금치, 단무지가 들어가지 않아도 된다. '김밥은 김 위에 밥을 깔고, 그 위에 반찬을 올려 돌돌 마는 것'이라고 간단하게 생각하면 김밥 싸기가 그리 부담스럽게 느껴지지 않을 것이다. 일단 김 위에 밥을 깔고 냉장고를 열어 마음에 드는 반찬을 꺼내서 밥 위에 올린 다음, 돌돌 말아서 김밥 만들기에 도전해보자. 여기에 서로 잘 어울리는 재료 궁합만 한 번 더 생각해보면 맛도 영양도 굿!

1 밥을 양념한다

밥은 따뜻할 때 양념해야 밥알 사이에 양념이 고르게 배어든다. 배합초를 넣을 경우에는 밥은 따뜻하고 배합초는 차가운 상태여야 둘이 잘 섞인다. 기본적인 배합초는 식초 5큰술, 설탕 4큰술, 소금 1작은술, 다시마 5×5cm 1장을 냄비에 넣고 설탕과 소금이 녹을 정도로 약한 불에 끓인 후, 식으면 다시마를 건져내고 사용한다. 밥 1공기에 배합초 2큰술이면 적당하다. 밥과 양념을 섞을 때는 밥알이 으깨지지 않도록 주걱을 세워서 밥을 가르듯이 섞어야 한다.

2 재료를 준비한다

정해진 재료는 없다. 집에 있는 반찬을 넣는다고 생각하면 된다. 밥 위에 반찬을 올리고 김으로 돌돌 마는 것이 김밥이므로, 반찬 수만큼 김밥 종류도 다양해질 수 있다. 원하는 재료를 싸기 좋게 가지런히 나열하여 준비한다. 이 책에서는 밥의 양을 최소화했는데, 보통 밥 1.5공기로 김밥 2줄이 적당하다.

3 김 위에 밥, 밥 위에 재료를 올린다

밥이 너무 뜨거울 때 김밥을 만들면 김이 쪼그라들고 눅눅해진다. 밥의 온도가 손의 온도와 같을 때가 적정온도이다. 김의 거친 면이 위로 오게 김발 위에 올리고, 밥은 김 넓이의 2/3 이상이 되도록 얇게 깐다. 밥의 양을 최소화하여 얇게 까는 것이 재료의 맛을 제대로 느낄 수 있는 비결이다. 조각난 재료는 가장 아래쪽 또는 몸에서 가장 먼 쪽에, 조각나지 않은 재료는 가장 위쪽 또는 몸에서 가장 가까운 쪽에 올린다. 그래야 김밥을 말 때 재료가 흩어지지 않는다.

4 헐겁지 않게 돌돌 만다

밥과 밥이 만나도록 먼저 김발로 한 번 꽉 맞물려준다. 이때 밥이 골고루 펴져 있지 않으면 밥과 밥이 만나지 않고 재료가 김에 닿아 김이 눅눅해지고 찢어질 수 있으므로 주의한다. 말린 김발을 왼손으로 잡아 빼면서 오른손으로 단단하게 만다. 처음에는 익숙하지 않아서 헐거워지거나 속재료가 삐져나오는 등 원하는 대로 잘 안되지만, 몇 번 반복하다보면 알맞은 강도로 김밥을 잘 말 수 있다.

5 잠시 시간을 준다

김발로 만 김밥을 바로 빼지 말고, 2~3분 정도 고정시키는 시간이 필요하다. 좋은 방법은 김발을 2개 사용하는 것이다. 1줄을 싸서 김발로 말아두는 동안 다른 김발로 김밥을 싼다. 이렇게 김밥 1줄을 싸는 정도의 시간만 지나도 김밥이 충분히 고정된다. 김밥에게도 시간을 주어야 한다.

6 알맞은 두께로 썬다

1cm 폭으로 썬다. 김이 터지지 않도록 한 번에 잘라야 하는데, 도마에 닿는 순간 김을 잘라낸다는 느낌으로 썬다. 칼이 잘 안 들면 배합초를 칼 옆면에 바르거나 젖은 행주로 칼날을 닦으면서 썬다.

김밥의 변신, 캘리포니아롤

1 김 전체에 밥을 얇게 깐 다음 전체가 덮이도록 비닐랩을 씌운다. 이때 김을 3/4 정도의 크기로 잘라서 사용하면 좋다.
2 뒤집어서 김 위에 넣고 싶은 재료를 올린다.
3 비닐랩을 잡아당기면서 김발로 돌돌 만다.
4 날치알, 연어, 새우 등으로 겉면 전체 또는 일부를 장식하고, 비닐랩으로 싸서 잠시 그대로 둔다.
5 비닐랩을 벗기고 위의 재료가 흩어지지 않게 조심해서 알맞은 크기로 썬다.

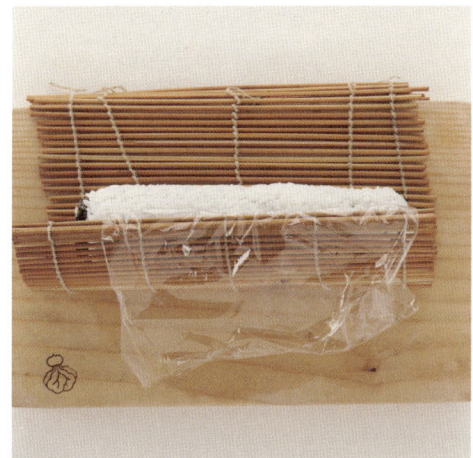

빠질 수 없는 도시락 메뉴, 샌드위치

피크닉의 단골 메뉴인 샌드위치 또한 정해진 방법과 재료가 있는 것은 아니다. 좋아하는 빵에 좋아하는 채소나 고기 등의 속재료를 넣으면 간편하게 샌드위치를 만들 수 있다. 거창한 조리법이 필요한 것도 아니고, 식어도 맛있게 먹을 수 있기 때문에 도시락의 단골 메뉴로 늘 사랑받고 있다.

샌드위치의 기본 원리는 [빵 + 유지류 + 주재료 + 소스 + 포인트 재료]이다. 빵은 식빵, 호밀빵, 바게트, 베이글, 치아바타 등 본인이 좋아하는 것을 선택하면 된다.

유 지 류 빵에 속재료의 수분이 흡수되는 것을 막아주고, 맛을 더해주는 역할을 한다. 보통 부드러운 버터나 마요네즈를 바르는데, 너무 많이 바르지 않고 빵의 자른 면에 얇고 고르게 펴 바른다.

주 재 료 고기류에는 베이컨, 소고기, 닭가슴살, 연어 등을 사용한다. 채소류는 양상추·상추·로메인 등의 쌈채소, 오이, 토마토 등이 있는데, 어느 것이든 좋아하는 종류를 선택한다. 샌드위치를 만들 때 가장 중요한 점은 속재료의 수분을 잘 제거하는 것이다. 특히 수분이 많은 오이, 토마토, 상추 등은 키친타월로 여분의 물기를 닦아낸 후에 사용해야 시간이 지나도 맛있게 먹을 수 있다.

소 스 너무 묽지 않은 것으로 사용해야 하고, 속재료와 빵 사이의 연결고리로서 각각의 재료가 서로 조화를 잘 이루게 해주는 소스를 선택한다. 자칫 너무 많이 사용하면 빵이 눅눅해지는 원인이 되므로 적당한 양을 사용한다. 소스는 속재료의 맨 위에 올리지 말고 사이에 넣어야 빵에 소스가 흡수되는 것을 막을 수 있다.

포 인 트 재 료 자칫 평범해지기 쉬운 맛에 포인트 역할을 하는 재료이다. 할라피뇨, 피클, 올리브, 고수 등이 이에 속한다. 이런 포인트 재료가 기호에 맞지 않는다면 생략해도 상관없다.

샌드위치 포장 1

HOW TO

1 포장종이가 정사각형일 때 적합한 포장 방법. 종이를 마름모 모양으로 놓고 가운데에 샌드위치를 올린다.
2 c를 위로 접는다.
3 b와 d를 가운데로 접어 감싼다.
4 a를 아래로 접어 밑으로 감싸고 리본이나 끈으로 묶는다.

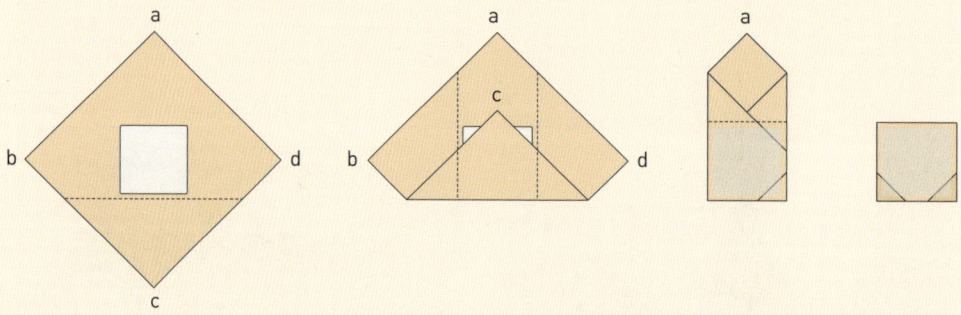

샌드위치 포장 2

HOW TO

1 포장종이가 직사각형일 때 적합한 포장 방법. 종이를 가로로 놓고 샌드위치를 가운데에 올린다.
2 양옆을 가운데로 접은 후 테이프로 고정한다.
3 아랫부분을 그림처럼 캐러멜 포장으로 접어서 테이프로 고정한다.
4 윗부분도 캐러멜 포장으로 접고 테이프로 고정한다.

  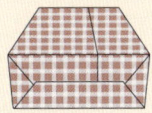

샌드위치 포장 3

HOW TO

1 샌드위치가 들어갈만한 크기의 나무상자나 종이상자를 준비한다.
2 상자 안에 냅킨을 깔고 그 위에 샌드위치를 담은 다음, 상자 밖으로 늘어진 냅킨을 덮는다.
3 리본이나 끈으로 묶어서 고정한다. 이 때 안 쓰는 단추 등으로 함께 장식하면 포장이 더욱 사랑스러워진다.

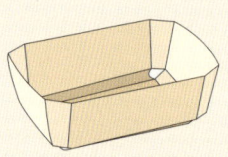 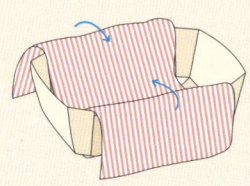 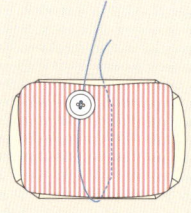

샌드위치 포장 4

HOW TO

1 1회용 둥근 종이접시를 준비해서 그림처럼 4곳을 가위로 자르고, 다음 작업이 편리하게 한 번 접어 놓는다.
2 종이접시 가운데에 샌드위치를 올리고 그 위에 두꺼운 비닐이나 유산지를 덮어 빵의 오염과 건조를 막는다.
3 그림처럼 종이접시를 접어 오므린 다음, 뾰족하게 남은 날개부분을 뒤로 접어서 테이프로 고정한다.
4 리본이나 끈으로 묶는다.

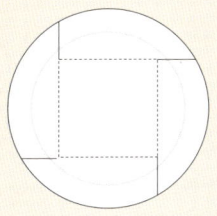 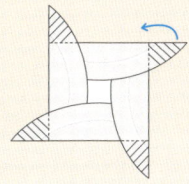 

샌드위치 포장 5

HOW TO

1 작은 종이접시 위에 샌드위치를 담아 유산지 위에 올린다.
2 그림처럼 양옆을 안쪽으로 접는다. 이 때 양끝을 맞대고 2장을 같이 한쪽 방향으로 1㎝ 정도 접어서 꺾는다.
3 4군데 모서리를 그림처럼 삼각형으로 접은 다음, 뾰족한 부분을 뒤로 접어서 테이프를 붙인다.

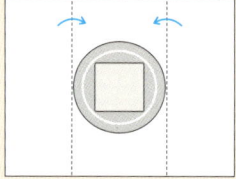 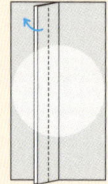 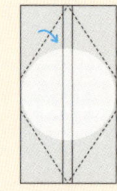 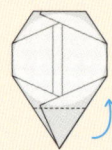

하나,

한 사람을 위한 도시락

Episode

기차에 오르는 순간
출근길 든든한 손
일요일 아침 독서 산책
나홀로 산행
출장길

워킹맘, 아이의 소풍
우리 아이 예쁘게 봐주세요!
남편의 복근 도시락
아내의 다이어트 도시락
야근하는 거 맞나? 불쑥!

Recipe & Package

쌈 도시락 · 삶은 달걀 · 사이다
길거리표 토스트 · 우유
에그 샌드위치 · 커피 · 사과
멸추김밥 · 채소스틱
삼각밥 · 비엔나 샐러드

표정캐릭터 유부초밥 · 과일소시지 꼬치
캘리포니아롤 · 월남쌈
새우샐러드 · 치아바타 샌드
양배추 현미쌈밥 · 곤약조림 · 과일
보리 브리또 · 다이어트 샐러드
충무김밥 · 콩나물국

EPISODE
01

기차에 오르는 순간

기차는 기다림 같다.
경적을 울리며 속도를 내기 시작한 기차는 기다란 모양으로 사라졌다.
기다란 모양이 기다림을 의미한다는 걸, 기차를 보며 깨달았다.
옹골지게 싼 손수건에 든 사이다와 삶은 달걀, 그리고 동글동글 한입씩 싸 넣은 쌈밥 도시락이
기다림은 그리 따분하지 않은 시간임을 알려주었다.

쌈 도시락 · 삶은 달걀 · 사이다

쌈 도시락 · 삶은 달걀 · 사이다

쌈 도시락

밥 1.5공기
깻잎 4장, 양배추 4장, 적상추 4장

밥 양념

참기름 1큰술, 통깨 · 소금 조금씩

고추장 양념

송송 썬 고추장아찌 3큰술, 고추장 2큰술
참기름 · 올리고당 1작은술씩

만드는 방법

1 양배추는 비닐봉지에 넣고 전자레인지에 3분 동안 돌려서 부드럽게 익힌다.
2 분량의 고추장 양념 재료를 섞는다.
3 따뜻한 밥에 밥 양념을 넣어 버무린다.
4 깻잎, 양배추, 적상추에 고추장 양념과 밥을 올려서 동그랗게 감싼다.
5 장아찌류나 김치, 멸치볶음 등의 짭짤한 밑반찬을 곁들이면 좋다.

삶은 달걀 · 사이다

달걀 2개
깨소금 · 후춧가루 조금씩
사이다 1캔

만드는 방법

1 달걀 위로 1㎝ 정도 올라올 정도로 물을 붓고, 식초를 1~2방울 넣어서 삶는다. 취향에 따라 반숙은 8분, 완숙은 12분 정도 삶은 다음, 찬물에 10분 동안 담가둔다.
2 삶은 달걀의 물기를 닦는다.
3 깨소금과 후춧가루를 섞고 유산지에 싸서 함께 담는다.
4 사이다는 집을 나서기 전에 살짝 얼려서 준비한다.

이렇게 포장해보세요

삶은 달걀은 껍질이 깨지지 않게 주의해서 사이다와 함께 보자기에 잘 싸서 묶는다.
쌈밥은 대나무 도시락통에 2층으로 겹쳐서 담고, 밑반찬은 실리콘컵에 담아 곁들인다.
먹기 전에 손을 닦을 수 있게 물티슈도 함께 넣는다.

이렇게 포장해보세요

깨소금 포장하기

1 7×7㎝로 자른 유산지 위에 후춧가루를 섞은 깨소금을 올린다.
2 아래쪽을 위로 접는다.
3 좌우를 가운데로 접는다.
4 위쪽을 아래로 접는다.
5 위쪽의 끝부분을 사이에 끼워 넣는다.

EPISODE
02

출근길 든든한 손

당장 일어나라고 여기저기서 울리는 알람소리에 겨우 일어났다.
검은 바람 속에 많은 사람들이 바삐 움직인다.
그리고 내 손에는 바스락거리는 은박지로 싼 투박한 엄마표 토스트가 들려 있다.
듬성듬성 베어 먹으며 출근하는 이 날들이 고맙다.
그리고 사랑 가득 엄마의 마음도…….

길거리표 토스트 · 우유

길거리표 토스트 · 우유

길거리표 토스트

식빵 2장
달걀 1개
양배추 2장
다진 채소 1/2컵
버터 1큰술
설탕·케첩·소금 조금씩

우유

만드는 방법

1 버터를 녹인 팬에 식빵을 노릇하게 굽는다.
2 달걀에 실파나 당근 등 집에 있는 여러 종류의 채소를 다져 넣고 잘 섞어서 소금으로 간을 한 다음, 식빵 크기에 맞게 동그랗게 부친다.
3 양배추를 곱게 채썬다.
4 식빵 위에 양배추와 2를 올리고, 케첩과 설탕을 뿌린다.
5 나머지 식빵으로 덮고 포일로 싼다.

아침부터 찬 우유를 먹으면 소화가 잘 안 될 수 있으니 따뜻한 물에 우유를 팩째 담가서 따뜻하게 데운다.

PACKAGE

이렇게 포장해보세요

바쁜 출근길에 이동하면서 먹을 수 있도록 포일이나 유산지 등 먹은 다음 바로 버릴 수 있는 재료로 포장하는 것이 좋다. 우유와 함께 들고 갈 수 있게 작은 비닐 쇼핑백이나 가벼운 종이봉투에 담는다.

EPISODE
03

일요일 아침 독서 산책

에코가방, 뮤직플레이어, 책, 수줍게 얼굴을 붉힌 사과,
노란 빛깔이 하얀 빵 사이에 얌전하게 담겨 있는 에그 샌드위치,
그리고 뜨거운 커피.
성큼성큼, 양재천 징검다리를 건너 조각공원 벤치에 앉아 책을 펼쳤다.
오늘 난 무척 행복하다.
"Are you happy?"

에그 샌드위치 · 커피 · 사과

에그 샌드위치 · 커피 · 사과

에그 샌드위치

식빵 4장
삶은 달걀 2개
다진 양파 3큰술
오이 1/4개
마요네즈 4큰술
소금 · 후춧가루 조금씩

커피 · 사과

만드는 방법

1 오이는 얇고 둥글게 썬 다음, 소금을 조금 뿌려서 10분 정도 절인 후 물기를 짠다.
2 삶은 달걀은 곱게 다진다.
3 달걀, 오이, 다진 양파, 마요네즈, 소금, 후춧가루를 넣고 버무린다.
4 식빵 1장에 3을 고르게 펴 바르고 다른 식빵 1장을 덮은 다음, 가장자리를 자르고 2등분한다. 나머지 식빵도 같은 방법으로 만든다.

보온병에 따뜻한 커피를 준비해도 좋고, 가는 길에 커피를 사갖고 가도 좋다.
사과는 껍질째 먹을 수 있게 베이킹파우더를 푼 물에 10분 동안 담가두었다가 문질러 씻은 다음 물기를 닦는다.

이렇게 포장해보세요

가방에 도시락을 넣었을 때 기울어지지 않도록 바닥이 너무 넓지 않은 용기를 사용하는 것이 좋다. 가방 안에서 도시락 용기가 움직이는 것을 막으려면 먼저 작은 책을 넣어 바닥을 평평하게 만든 다음, 그 위에 도시락, 사과, 보온병을 올리면 덜 움직인다. 커피를 따라 마실 종이컵과 손을 닦을 물티슈도 잊지말고 챙긴다.

EPISODE 04

나홀로 산행

높고 지루한 산을 혼자 올라가는 것이 뭐가 즐거울까 싶었는데,
한두 번 홀로 산행을 다녀오니 나름대로의 매력에 빠져버렸다.
시간 약속도 필요 없고, 이야기하지 않아도 되고, 배려하지 않아도 된다.
아침에 일어나 훌쩍 나설 수 있는 나홀로 산행,
밑반찬을 밥 위에 올려 돌돌 말아본다.
그리고 냉장고 채소칸의 채소를 꺼내 듬성듬성 잘라 넣고
짙은 새벽 어둠 속, 산을 만나러 간다.

멸추김밥 · 채소스틱

멸추김밥 · 채소스틱

멸추김밥

밥 1.5공기, 김 2장, 단무지 2줄
멸치꽈리고추볶음 1/2컵
달걀 1개, 송송 썬 김치 1/3컵
소금 · 식용유 조금씩

밥 양념

참기름 1큰술, 소금 · 통깨 조금씩

김치 양념

참기름 · 설탕 1/2작은술씩

만드는 방법

1 따뜻한 밥에 밥 양념을 넣어 섞는다.
2 김치는 물기를 짠 후 김치 양념을 넣어 무친다.
3 달걀을 풀어서 소금으로 살짝 간을 한 다음, 식용유를 두른 팬에 도톰하게 지단을 부쳐서 1cm 폭으로 길게 자른다.
4 김 위에 밥을 얇게 펴고 달걀, 단무지, 멸치꽈리고추볶음, 김치를 올려 돌돌 만다.
5 한입크기로 썬다.

채소스틱

오이 1개, 당근 1/3개, 파프리카 1/3개

쌈장

된장 2큰술, 고추장 2작은술
참기름 · 설탕 1/2큰술씩
통깨 조금

만드는 방법

1 오이, 당근, 파프리카는 길이 5cm, 알맞은 굵기의 막대모양으로 자른다.
2 분량의 쌈장 재료를 섞어서 따로 곁들인다.

PACKAGE

이렇게 포장해보세요

등산 후에 다시 들고 내려와야 하므로 일회용 도시락 용기처럼 가벼운 용기에 싸는 것이 좋다. 채소스틱은 용기와 비슷한 길이로 잘라서 흔들려도 흐트러지지 않게 담고, 쌈장은 은박지컵이나 실리콘컵에 담아서 곁들인다.

EPISODE
05

출장길

고속버스터미널 아침 7시 김천행 버스.
졸린 눈으로 잘 생각에 부풀어 황급히 버스에 올라 자리를 잡았는데
배에서는 꼬르륵 꼬르륵……, 뜬 눈으로 김천까지 2시간 반을 달렸다.
그 후로 출장길에 서류보다 더 먼저 챙기는 것이 아침 도시락.
간단한 재료로 빨리 싼 삼각밥이 내게 단잠을 선사한다.

삼각밥 · 비엔나 샐러드

삼각밥 · 비엔나 샐러드

삼 각 밥

밥 1.5공기
김 1장
송송 썬 김치 1/2컵
설탕 1작은술
참기름 조금

밥 양념

참기름 1큰술, 통깨 · 소금 조금씩

비 엔 나 샐 러 드

어린잎채소 1줌
비엔나소시지 6개
방울토마토 3개
오리엔탈 드레싱(시판용) 3큰술
식용유 조금

만 드 는 방 법

1 참기름을 두른 팬에 송송 썬 김치를 볶다가, 설탕을 넣고 물기가 없어질 때까지 볶는다.
2 따뜻한 밥에 밥 양념을 넣어 잘 버무린다.
3 밥을 손바닥 위에 올리고 가운데에 1을 넣고 감싸서 삼각형으로 모양을 만든다.
4 김을 두른 다음 비닐랩으로 단단하게 싼다.

만 드 는 방 법

1 비엔나소시지는 칼집을 넣어 식용유를 두른 팬에 굽는다.
2 어린잎채소 위에 비엔나소시지와 방울토마토를 올리고, 오리엔탈 드레싱은 작은 용기에 담아 곁들인다.

삼각밥 모양 만들기

삼각밥 모양을 만들기 어려우면 삼각밥 틀을 사용해보자. 틀 안에 밥을 반 정도 채운 다음, 반찬을 올리고 다시 밥을 채운다. 뚜껑을 닫고 누른 상태에서 몇 분 동안 그대로 두면 삼각형 주먹밥이 완성된다. 비닐랩으로 싸거나 시판용 삼각밥 포장비닐을 사용하면 쉽게 포장할 수 있다.

삼각밥에 김 두르기

1 김을 세로로 2등분하여 삼각밥 전체를 감싼다.
2 김을 가로로 3cm 폭으로 자르고 다시 2등분한 다음, 삼각밥 밑부분을 사진처럼 감싼다.
3 김을 세로로 3cm 폭으로 길게 자른 다음, 삼각밥 옆면을 사진처럼 둘러서 감싼다.

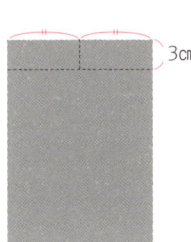

이렇게 포장해보세요

출장길이므로 뒤처리가 간편한 일회용 용기를 사용한다. 파운드케이크 상자처럼 폭이 좁고 긴 상자를 재활용하면 가방에 넣기도 편하다.
삼각밥은 모양을 고정시키기 위해 비닐랩이나 쿠킹포일, 종이포일, 유산지 등으로 단단하게 감싸서 넣는다. 비엔나 샐러드의 드레싱은 따로 용기에 담아 빈 공간에 넣거나, 바로 먹을 수 있게 살짝 버무려서 싸도 좋다.

EPISODE
06

워킹맘, 아이의 소풍

바쁜 워킹맘, 아이의 소풍날이라는 알림장 소식에
장소보다 더 궁금한 것은 도시락 준비 여부.
평소 기상시간보다 1시간 아니, 2시간 전에는 일어나야 한다.
별다른 것을 준비하는 것도 아닌데 황금 같은 아침시간,
초를 다퉈 가며 싸는 아이의 도시락.
나는 이렇게 점점 엄마가 되어 간다.

표정캐릭터 유부초밥 · 과일소시지 꼬치

표정캐릭터 유부초밥 · 과일소시지 꼬치

표정캐릭터 유부초밥

밥 1공기
초밥용 유부 8장
다진 당근 · 다진 브로콜리 3큰술씩
배합초(시판용) 2큰술
후리카케 · 식용유 조금씩
김 · 달걀흰자지단 조금씩

만드는 방법

1 초밥용 유부는 물기를 짠다.
2 다진 당근과 브로콜리는 식용유를 조금 두른 팬에 살짝 볶는다.
3 1의 볶은 채소와 후리카케, 배합초를 밥에 넣고 섞은 다음, 유부 속에 채워 넣는다.
4 김과 달걀흰자지단으로 다양한 표정의 눈을 만들어서 붙인다.

과일소시지 꼬치

비엔나소시지 2개
삶은 메추리알 2개
방울토마토 2개
포도 2개
파인애플 2조각

만드는 방법

1 비엔나소시지는 2~3번 칼집을 내어 문어모양으로 만들고 팬에 살짝 볶은 다음, 검은깨를 붙여서 눈을 만든다.
2 꼬치에 포도, 메추리알, 비엔나소시지, 파인애플, 방울토마토를 꽂는다.

도시락 장식 아이디어

도시락 장식에 필요한 얼굴 표정을 만들 때, 눈, 코, 입은 보통 김으로 만드는데, 김이 잘 붙지 않을 경우에는 마요네즈를 살짝 묻히면 잘 붙는다.
슬라이스햄, 치즈, 달걀지단 등의 부드러운 재료는 빨대로 찍어서 동그란 모양을 만든 다음, 스파게티면을 살짝 튀겨 알맞은 길이로 잘라서 꽂으면 서로 연결하여 여러 가지 모양을 만들 수 있다.
그 밖에도 작은 쿠키틀, 모양틀, 짤주머니용 깍지 등을 사용하면 모양을 만들 때 편리하다.
바쁜 아침 시간에 도시락을 싸야 하므로 장식에 필요한 달걀지단이나 김 등은 전날 미리 준비해두는 것이 좋다.

이렇게 포장해보세요

아이를 위한 도시락을 쌀 때는 알록달록 밝은색 용기가 좋은데, 아이의 먹는 양을 생각하여 너무 크지 않은 것을 고른다. 아이가 가방을 들고 가면 많이 흔들리기 때문에, 도시락 안을 꽉 채워서 흔들려도 내용물이 흐트러지지 않게 하는 것이 중요하다.

과일소시지 꼬치는 과일과 소시지 등 아이가 좋아하는 음식을 꼬치에 꽂아서 하나씩 빼 먹을 수 있게 만들고, 꼬치를 비닐로 낱개포장하여 꺼내기 쉽고 들고 먹기 편하게 준비한다.

EPISODE
07

우리 아이 예쁘게 봐주세요!

태어나서 여태껏 그 앞에만 서면 작아지는 존재,
'내 아이의 선생님'.
미소 띤 얼굴로 부드럽게 이야기하고, 허리 숙여 몇 번씩 인사하고……
모두 '아이' 때문이다.
그렇다고, 진심이 아닌 것은 아니다.
나는 아이의 선생님을 진심으로 존경하고 믿는다.
그리고 꼭 덧붙이고 싶은 한마디.
"우리 아이 예쁘게 봐주세요, 선생님. 제~~~발!"

캘리포니아롤 · 월남쌈 · 새우샐러드 · 치아바타 샌드

캘리포니아롤 · 월남쌈

캘리포니아롤

밥 2공기, 김 3장
슬라이스 훈제연어 3장, 아보카도 1/2개
날치알 3큰술, 오이 1개
맛살 9개, 마요네즈 4큰술
소금·후춧가루 조금씩

배합초

식초 5큰술, 설탕 4큰술
다시마 5×5cm 1장
소금 1작은술

만드는 방법

1 분량의 배합초 재료를 냄비에 넣고 설탕과 소금이 녹을 때까지 살짝 끓여서 식힌다.
2 따뜻한 밥에 배합초 4큰술을 넣어 버무린다.
3 오이는 채썰어 놓고, 맛살은 곱게 찢어서 마요네즈, 소금, 후춧가루를 넣고 버무려 놓는다.
5 김발 위에 김을 올린 후 밥을 올려 넓게 편다.
6 밥 위에 비닐랩을 덮어 뒤집은 다음 김 위에 맛살, 오이를 올려 돌돌 만다.
7 날치알, 연어, 편썰기한 아보카도 등을 각각 겉에 올리고, 비닐랩을 씌워서 10분 동안 그대로 둔다.
8 비닐랩을 벗기고 한입크기로 자른다.

TIP 김발로 돌돌 말 때, 바깥쪽의 비닐랩을 들면서 김발과 함께 잡아당기듯이 말아야 비닐랩이 안쪽으로 말려 들어가지 않는다. 안쪽이 헐거워지지 않게 힘을 주고 만다.(p.52~53 참조)

월남쌈

라이스페이퍼 3장, 깻잎 3장
맛살 3개, 오이 1/4개
파프리카 1/3개
땅콩소스(시판용) 조금

만드는 방법

1 깻잎은 2등분하고, 맛살은 곱게 찢는다.
2 오이, 파프리카는 곱게 채썬다.
3 따뜻한 물에 라이스페이퍼를 담가 부드럽게 만든 다음, 도마 위에 넓게 편다.
4 깻잎 2장과 오이, 파프리카, 맛살을 올린 후 양옆을 접어서 돌돌 만다.
5 어슷하게 썰어서 담고 땅콩소스를 곁들인다.

새우샐러드 · 치아바타 샌드

새우샐러드

어린잎채소 1줌
새우(중하) 3마리, 방울토마토 2개
올리브유 · 파마산치즈가루 · 파슬리가루 조금씩

오리엔탈 드레싱

간장·올리브유 2큰술
설탕 · 발사믹식초 1큰술, 식초 1큰술
다진 양파 1큰술, 후춧가루 조금

만드는 방법

1 새우는 껍질을 벗기고 살짝 삶은 다음, 뜨거울 때 올리브유, 파마산치즈가루, 파슬리가루를 넣고 버무린다.
2 어린잎채소 위에 새우와 2등분한 방울토마토를 올리고, 오리엔탈 드레싱을 만들어서 작은 통에 담아 곁들인다.

치아바타 샌드

치아바타 1개, 베이컨 2장, 상추 2장
토마토 1조각, 삶은 달걀 1개
다진 양파 2큰술, 마요네즈 3큰술
소금 · 후춧가루 조금씩

만드는 방법

1 치아바타는 반을 갈라 마른 팬이나 오븐에 살짝 굽는다.
2 자른 면에 마요네즈를 얇게 펴서 바른다.
3 베이컨을 구워서 키친타월로 기름기를 어느 정도 제거한다.
4 삶은 달걀을 곱게 다진 다음 다진 양파, 마요네즈, 소금, 후춧가루를 넣고 버무린다.
5 치아바타 위에 상추, 베이컨, 4, 여분의 물기를 뺀 토마토 조각을 순서대로 올린 다음, 치아바타를 덮고 반으로 자른다.

이렇게 포장해보세요

상자에 보기 좋게 담아서 선물처럼 포장하는데, 음식이 이동 중에 흔들리지 않도록 상자 안을 틈없이 빽빽하게 채운다. 뚜껑을 열었을 때 정성을 담아 준비했다는 느낌이 들도록, 카드를 같이 넣거나 상자 겉에 메시지를 적은 태그를 단다. 소스통은 이동시 흔들리는 것을 막기 위해 소스통 바닥에 양면테이프를 붙여 상자에 고정시킨다.
샌드위치는 오후에 출출할 때 간식으로 먹을 수 있게 따로 포장한다.

소스통 만들기

소스통이 없다면 일회용 소주잔과 유산지를 이용하여 소스통을 만들어보자. 일회용 소주잔에 소스를 담고, 소주잔 테두리에 양면테이프를 한바퀴 돌려서 붙인다. 유산지를 크기에 맞게 잘라 입구를 팽팽하게 덮은 다음, 테이프를 두른 부분에 붙이면 소스가 새지 않는 소스통으로 변신한다.

EPISODE
08

남편의 복근 도시락

언제부터인가 남편의 배는 조금씩 전진 중이다.
나잇살이라고 부르는게 마음이 편한가 보다.
배에 가려 자신의 두 발이 보이지 않음을 한참만에 알아차리고 나서야
도시락 노래를 부르기 시작했다.
짜고, 맵고, 얼큰한 식당 메뉴의 유혹을 뿌리치고
싱겁고, 까칠거리고, 부족한 듯한 맛의 점심으로 어디 한번 뱃살을 제자리로 돌려보자!
비록 초콜릿 복근으로의 변신은 한참 멀겠지만……

양배추 현미쌈밥 · 곤약조림 · 과일

양배추 현미쌈밥 · 곤약조림 · 과일

양배추 현미쌈밥

양배추 6장, 현미밥 1공기, 조미해초 1/2컵

밥 양념

참기름 1/2큰술, 통깨·소금 조금씩

두부쌈장

으깬 두부 1/4모 분량, 고추장·된장 1큰술씩
다진 양파 3큰술, 다진 청양고추 1큰술
설탕 1작은술, 참기름 1/2큰술, 통깨 조금

만드는 방법

1 양배추는 찜통에 부드럽게 찌고, 현미밥은 밥 양념을 넣어 골고루 섞는다.
2 분량의 두부쌈장 재료를 걸쭉하게 끓여 놓고, 조미해초는 물기를 제거한다.
3 양배추는 심을 도려내고 2~3장씩 겹쳐서 김발 위에 평평하게 펼쳐 놓는다.
4 양배추 위에 밥을 얇게 펴고 쌈장과 조미해초를 얹은 다음, 단단하게 말아서 10분 동안 그대로 두었다가 한입크기로 썬다.

TIP 다이어트 목적에 맞게 너무 많은 양을 준비하지 않고, 채식 위주의 반찬으로 구성한다.

곤약조림

곤약 100g, 백만송이 버섯 100g, 올리고당 1큰술
통깨·송송 썬 실파 조금씩

양념

간장 4큰술, 맛술 2큰술, 설탕 1큰술, 참기름 1작은술

만드는 방법

1 곤약은 2×4cm 크기로 얇게 편썰고, 가운데에 칼집을 낸 다음 뒤집어서 타래모양을 만든다.
2 분량의 양념을 넣고 곤약을 조려 색을 낸 다음, 백만송이 버섯을 넣어 함께 졸인다.
3 버섯이 부드럽게 익으면 불을 끄고 올리고당을 넣어 윤기를 낸 다음, 통깨와 실파를 뿌린다.

과일

한입크기의 방울토마토, 금귤, 포도알 등 알록달록한 과일을 곁들여서 영양도 풍부한 도시락 구성이 되도록 신경쓴다.

이렇게 포장해보세요

다이어트 도시락이라고 양이 너무 부족해 보이지 않게, 높이가 낮은 2단 또는 3단 도시락 용기에 각각의 음식을 따로 담아 펼쳤을 때 푸짐해 보이게 담는다. 각 용기에 음식이 눌리지 않게 적당히 담고 뚜껑을 닫아서 보자기 가운데에 올린 다음, 단단히 묶어서 이동 중에도 흔들리지 않게 한다. 손잡이가 달린 도시락 보자기에 싸면 들기 편하다.(p.32 참조)

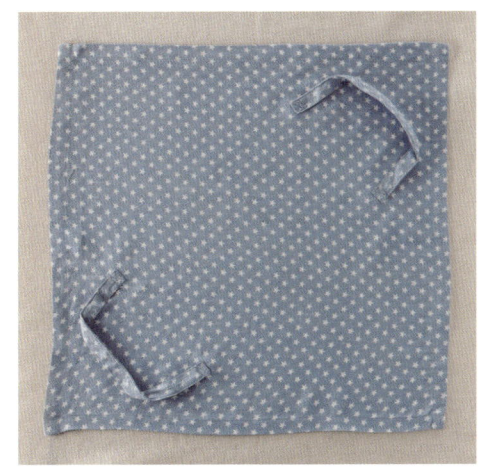

EPISODE
09

아내의 다이어트 도시락

남편의 뱃살을 타박하고 보니,
내 허리 양옆에 팔걸이처럼 두 팔을 받쳐주는 너는 누구니?
이러다가는 '팔걸이'라는 새로운 인체 부위가 생겨날지도 모르겠어.
작심삼일이여도 좋아, 다이어트를 해야겠다는 마음이라도 생겼으면 해.
'그 나이에 미스코리아 나갈꺼야? 그냥 먹어!'라고
자꾸 내게 속삭이는 당신은…… 악마?

보리 브리또 · 다이어트 샐러드

보리 브리또 · 다이어트 샐러드

보리 브리또

보리밥 1/3공기
훈제 닭가슴살(시판용) 1/2개
또띠야 1장, 양상추 1장
노랑 파프리카 · 양파 1/6개씩
식용유 · 소금 · 후춧가루 · 살사소스 조금씩

만드는 방법

1 양파와 노랑 파프리카는 사방 2×2㎝ 크기로 자른다.
2 훈제 닭가슴살은 얇게 썬다.
3 식용유를 살짝 두른 팬에 양파와 파프리카를 볶은 다음, 보리밥을 넣고 소금과 후춧가루로 간을 한다.
4 마른 팬에 또띠야를 살짝 구운 다음, 그 위에 양상추, 볶은 보리밥, 닭가슴살, 살사소스를 올리고 돌돌 감싼다.
5 감싼 브리또를 유산지로 포장한다.

다이어트 샐러드

어린잎채소 1/2줌, 파프리카 1/4개
오이 1/4개, 당근 1/6개, 양상추 1장

드레싱

올리브유 3큰술, 발사믹식초 2큰술
레몬즙 · 설탕 1큰술씩, 소금 · 후춧가루 조금씩

만드는 방법

1 파프리카, 양상추, 오이, 당근을 곱게 채썬다.
2 분량의 드레싱을 섞는다.
3 투명컵에 어린잎채소와 채썬 채소를 차례차례 담고, 드레싱은 작은 용기에 담아 곁들인다.

TIP 먹을 때는 샐러드 위에 드레싱을 붓고 용기의 뚜껑을 닫은 다음, 잘 흔들어서 먹는다.

이렇게 포장해보세요

유산지로 포장한 브리또는 종이접시를 잘라 브리또 크기에 맞는 상자를 만들어서 담는다. 먹을 때 리본을 풀면 접시모양으로 돌아간다.
다이어트 샐러드는 플라스틱병이나 투명컵 등에 보기 좋게 담고, 드레싱은 작은 소스통이나 비닐봉지에 담아 곁들인다.

종이접시로 브리또상자 만들기

1 원하는 크기의 종이접시에 그림처럼 선을 그린다.
2 표시한 4곳을 가위로 자른다.
3 무늬가 있는 면이 겉면이 되게 사각형으로 접는다.
4 상자 둘레에 리본을 묶어서 고정시킨다.

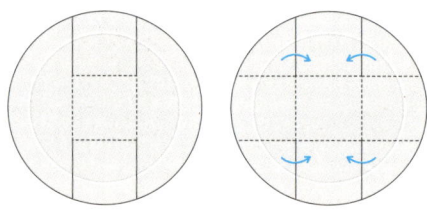

EPISODE
10

야근하는 거 맞나? 불쑥!

1주일에 2일…… 야근할 수 있다.
1주일에 3일…… 일이 많은가 보다.
1주일에 4일…… 갑자기 긴급회의가 잡힌 걸까?
1주일에 5일…… 오늘은 도시락을 쌌다.
그리고 곱게 단장하고 남편 회사로 향한다.
당신이 너무 바쁘다는 것을 따스한 도시락이 믿으라고 말한다.

충무김밥 · 콩나물국

충무김밥 · 콩나물국

김밥

밥 1.5공기, 김 2장
참기름 2큰술
식용유 2큰술
소금 조금

만드는 방법

1 참기름과 식용유를 2큰술씩 섞은 다음, 김을 펼쳐 놓고 솔로 바른다. 소금을 솔솔 뿌리고 2장을 겹쳐서 팬에 올려 앞뒤로 뒤집으면서 살짝 굽는다.
2 김을 반으로 자르고 김의 2/3 정도까지 따뜻한 밥을 얇게 깐 다음, 가늘게 말아서 4cm 길이로 썬다.

오징어 무침

오징어 1마리, 무(3cm) 1토막

오징어 양념

고춧가루 4큰술, 물엿 2큰술, 다진 양파 2큰술
다진 마늘 1작은술, 생강즙 1/2작은술
멸치액젓 2작은술, 통깨 조금

절임국물

식초 3큰술, 설탕 2큰술, 소금 2작은술, 멸치액젓 1작은술

만드는 방법

1 내장과 껍질을 제거한 오징어는 끓는 물에 데쳐서 1×3cm 크기로 썬다.
2 무는 한입크기로 듬성듬성 잘라서 절임국물에 넣고, 30분 정도 절인다.
3 분량의 오징어 양념 재료를 섞고, 2의 무는 꼭 짜서 물기를 없앤다.
4 오징어와 절인 무에 3의 양념을 넣고 버무린다.

콩나물국

콩나물 1/2봉지, 국물용 멸치 1/2줌
다시마 5×5cm 1장, 송송 썬 실파 1큰술
다진 마늘 1/2작은술, 국간장 1/2큰술, 소금 조금

만드는 방법

1 물 3컵에 깨끗이 씻은 콩나물과 국물용 멸치, 다시마를 넣고 뚜껑을 연 채로 끓인다.
2 10분 후에 멸치와 다시마를 건져낸다.
3 다진 마늘, 국간장, 소금으로 간을 하고, 송송 썬 실파를 넣어 마무리한다.

이렇게 포장해보세요

늦은 시간이므로 간단하게 요기할 정도로만 준비한다. 김밥과 오징어 무침의 양을 비슷하게 담고, 김밥과 오징어 무침이 섞이지 않도록 따로 담는 것이 포인트. 2단 도시락을 사용하면 좋다. 속을 편하게 해주는 따뜻한 국물은 보온 도시락에 담아 곁들인다. 도시락에 빈 공간이 생기면 작은 과일을 넣어 속을 꽉 채운다.

Episode	아이와 단둘이서	두근두근 군대 면회 가는 길
	정말 데이트?	한밤의 드라이브
	일요일 아침, 하이킹	부르면 OK! 친구야 놀러가자
	이른 새벽 산행	먹고 힘내자! 문병 가는 길
	놀이터로 소풍가기	여보, 나 외출해요! 저녁은 도시락

Recipe & Package	버라이어티 주먹밥 · 비엔나 샌드위치	불고기 쌈밥 · 치킨너겟 · 달걀말이 · 과일
	스팸초밥 · 불고기 샌드	식빵 핫도그 · 유자 아이스
	3단 컵밥 · 동치미	내맘대로 김말이 · 토마토 마리네이드
	비빔밥 · 묵사발	전복죽 · 전복구이 덮밥 · 물김치 · 귤
	꼬마깁밥 · 미니 사과	두부 동그랑땡 · 감자샐러드 · 어묵볶음

둘,

둘의 마음을 나누는 도시락

EPISODE
11

아이와 단둘이서

주말에 아이와 단둘이 남으면 참으로 막막하다. 그런데, 하루하루 아이는 커가고……,
둘만의 데이트를 즐길 시간이 앞으로 얼마나 더 있을까 싶어졌다.
아이와 함께할 수 있는 것들을 찾아 여기저기 기웃기웃.
오늘은 아이와 도시락을 싸서 돗자리를 들고 공원으로 나섰다.
아이는 팽이와 딱지를 챙기고, 나는 맥주 한 캔과 읽지 않을 것 같은 책도 한 권 챙긴다.
바쁜 남편 대신 아이와 단둘이서 보내는 주말이, 이젠 참 좋다.

버라이어티 주먹밥 · 비엔나 샌드위치

버라이어티 주먹밥 · 비엔나 샌드위치

버라이어티 주먹밥

밥 1.5공기

①
날치알 3큰술, 후리카케 1/2큰술
참기름 1작은술, 소금·통깨 조금씩

②
다진 비엔나소시지 2개 분량, 후리카케 1/2큰술
스크램블 달걀 1개 분량, 삶은 노른자 1개 분량
참기름 1작은술, 소금·통깨 조금씩

③
볶은 소고기 3큰술, 옥수수콘 2큰술
후리카케 1/2큰술, 토마토소스(시판용) 2큰술
모짜렐라치즈 3큰술, 파슬리잎 조금
소금·통깨 조금씩

만드는 방법

1 따뜻한 밥 1/2공기에 ①의 재료를 모두 넣고 섞어서 동그랗게 뭉친다. 주먹밥을 날치알(분량 외)에 굴려서 묻힌다.
2 따뜻한 밥 1/2공기에 ②의 재료 중 삶은 노른자만 빼고 모두 넣고 섞어서 동그랗게 뭉친다. 주먹밥을 삶은 노른자 가루에 굴려서 묻힌다.
3 따뜻한 밥 1/2공기에 ③의 볶은 소고기, 옥수수콘, 후리카케, 소금, 통깨를 넣고 섞어서 동그랗게 뭉친다.
4 3의 주먹밥에 토마토소스, 모짜렐라치즈, 파슬리 잎을 순서대로 올린 다음, 전자레인지에 30초 정도 돌려서 치즈를 녹인다.

TIP 한입크기의 주먹밥을 몇 가지 종류로 준비해서 골라 먹을 수 있게 한다.

비엔나 샌드위치

식빵 4장
삶은 감자 1개
비엔나소시지 6개
마요네즈 3큰술
소금·후춧가루 조금씩

만드는 방법

1 삶은 감자는 곱게 으깨서 마요네즈, 소금, 후춧가루를 넣고 버무린다.
2 비엔나소시지는 마른 팬에 살짝 굽는다.
3 식빵 1장에 1을 넓게 펴서 바르고 가운데에 구운 소시지 3개를 나란히 올린 다음, 다시 1을 올려서 소시지 사이사이를 매워 평평하게 만든다.
4 다른 식빵을 덮은 후 가장자리를 자르고, 비엔나소시지가 가운데 보이도록 식빵을 반으로 자른다. 나머지 식빵도 같은 방법으로 만든다.

PACKAGE

이렇게 포장해보세요

아이와 도란도란 이야기하며 먹을 수 있게, 하나의 도시락 용기에 함께 담는다. 크기가 큰 투명 과일케이스를 버리지 않고 보관해두었다가 도시락 용기로 사용하면 안성맞춤. 음식이 흔들리지 않도록 바닥에 얇은 천이나 키친타월을 깔고 도시락 안을 빈틈없이 채운다. 주먹밥을 먹은 후 출출할 때 먹을 수 있도록 샌드위치는 비닐랩으로 낱개포장한다.

EPISODE
12

정말 데이트?

이게 얼마만의 데이트야?
월화수목금, 세상의 일은 나 혼자 하는 듯 내 정신은 아프리카에 보내버렸어.
오늘은 정신을 차리고 잠시 멈춰서 모처럼 한숨 돌리며
당신만을 보고, 듣고, 느끼고 싶어.
정말 데이트를 하고 싶어.
내일은 또다시 정신을 아프리카에 보내버려야 하니…….

스팸초밥 · 불고기 샌드

스팸초밥 · 불고기 샌드

스팸초밥

밥 1공기
스팸(작은 것) 1/3캔
송송 썬 김치 1/2컵
참기름 1큰술
설탕 1작은술
통깨 · 김 조금씩

만드는 방법

1 스팸은 두께 0.5cm, 크기 3×4cm로 썰어서 굽는다.
2 참기름을 두른 팬에 송송 썬 김치를 볶다가 설탕, 통깨를 넣는다.
3 2에 밥을 넣어 볶는다.
4 김은 가늘고 길게 잘라 준비한다.
5 김치볶음밥을 동그랗게 뭉친 다음, 스팸을 올리고 김으로 띠를 두른다.

불고기 샌드

호밀식빵 4장, 소고기(불고기용) 100g
상추 4장, 할라피뇨 1/2컵, 마요네즈 · 소금 조금씩

불고기 양념

간장 · 맛술 1큰술씩
설탕 · 다진 파 1작은술씩, 후춧가루 조금

머스터드 소스

마요네즈 3큰술, 머스터드 1큰술
씨겨자 1작은술

만드는 방법

1 소고기는 불고기 양념에 버무려 살짝 볶는다.
2 분량의 머스터드 소스 재료를 섞어 놓고, 마른 팬에 호밀식빵을 살짝 굽는다.
3 호밀식빵 한쪽 면에 마요네즈를 얇게 바르고 상추 2장, 머스터드 소스, 할라피뇨, 불고기를 순서대로 올린 다음, 식빵을 덮는다.
나머지 식빵도 같은 방법으로 만든다.
4 샌드위치 가장자리를 자르고 각각 4등분한다.

이렇게 포장해보세요

먹기 편하게 한입크기의 음식으로 준비하고 물티슈도 함께 챙긴다. 둘이 같이 먹을 수 있게 종류별로 도시락 용기에 나눠 담는다. 2개의 도시락을 1개의 보자기에 한꺼번에 싸기보다는 아기자기한 패턴의 보자기로 따로따로 싸고 각자의 젓가락을 꽂아서 멋을 더한다. 보자기와 어울리는 종이로 젓가락집을 만들어서 젓가락을 포장한 후에 꽂아도 멋스럽다.(p.20 나비 보자기, p33~37 젓가락집 참조)

EPISODE
13

일요일 아침, 하이킹

자전거로 달리면서 보는 풍경을
달려보지 않은 사람은 모른다.
일요일 아침,
가벼운 옷차림으로 자전거와 도시락을 챙겨 나선다.
열심히 달린 자만이 먹을 수 있다는 삶의 진리를 깨달은 듯!

3단 컵밥 · 동치미

3단 컵밥 · 동치미

3단 컵밥

밥 2공기, 김 조금

멸치볶음

잔멸치 1/2컵, 송송 썬 실파 조금
맛술·참기름·올리고당 1작은술씩, 식용유·설탕 2작은술씩

김치참치볶음

김치 1컵, 참치통조림(작은 것) 1/3캔, 들기름 1큰술

오이지무침

오이지 1개, 참기름 1큰술, 설탕 1작은술
통깨·송송 썬 실파 조금씩

동치미

만드는 방법

1 멸치는 식용유을 두른 팬에 올려 약한 불로 볶다가 설탕, 맛술, 참기름을 넣고 한 번 더 볶는다. 불을 끄고 송송 썬 실파와 올리고당을 넣어 살짝 버무린다.
2 들기름을 두른 팬에 김치를 볶다가 기름을 뺀 참치통조림을 넣고 김치가 투명해질 때까지 볶는다.
3 오이지는 얇고 둥글게 썰어서 물에 10분 정도 담가 짠맛을 뺀 다음 물기를 꼭 짠다.
참기름, 설탕, 통깨, 실파를 넣고 버무린다.
4 투명하고 둥근 일회용 용기에 오이지 무침, 밥, 김치참치볶음, 밥, 멸치볶음, 밥, 김의 순서로 층층이 담는다.

동치미는 작은 용기에 담아서 출발하기 2시간 전에 냉동실에 넣고 살짝 얼린다.

이렇게 포장해보세요

자전거에 싣고 달리기 때문에 흔들리지 않게 싸는 것이 가장 중요하다. 밥과 반찬을 층층이 담아서 흔들려도 섞이지 않게 하고, 어떤 반찬이 들어 있는지 알 수 있도록 투명 용기에 담는 것이 좋다. 도시락을 각자의 자전거에 실을 수 있도록 따로 포장하는데, 과일포장용 그물망이 있으면 유용하다. 흔들려도 밥과 동치미 용기가 쓰러지지 않게 잡아주는 안전한 아이디어 아이템이다. 과일포장용 그물망에 리본을 끼우면 장식효과로도 훌륭하다.

EPISODE
14

이른 새벽 산행

고백하건데, 내가 산에 오르는 이유는 정상에 올라 마시는 맥주 한 캔 때문이야.
그 시원하고 짜릿한 맛이 없었더라면 올라가지 못했을 거야.
살아가면서 누군가에게는 이해받지 못하는 나만의 이유는 있는 것.
그것이 우리가 인생이라는 산을 오르는 이유겠지?

비빔밥 · 묵사발

비빔밥 · 묵사발

비빔밥

밥 2공기, 시금치 1줌
당근 1/4개, 콩나물 1/3봉지
송송 썬 김치 1컵
참기름 · 소금 · 통깨 · 식용유 조금씩

비빔밥 양념

고추장 2큰술
올리고당 · 참기름 2작은술씩, 통깨 조금

묵사발

도토리묵 1/2모, 오이 1/4개, 송송 썬 김치 1/2컵
국물용 멸치 1/2줌, 다시마 5×5cm 2장
채썬 김 1장 분량, 물 2.5컵, 국간장 1/2큰술
다진 마늘 1작은술, 소금 조금

김치 양념

참기름 1/2큰술
통깨 · 설탕 · 고춧가루 1작은술씩

만드는 방법

1 시금치는 끓는 물에 살짝 데쳐서 찬물에 헹구고 물기를 짠다. 참기름, 소금, 통깨를 넣고 무친다.
2 당근은 곱게 채썰어서 소금으로 약하게 간을 한 다음, 식용유를 두른 팬에 부드럽게 볶는다.
3 콩나물은 삶아서 물기를 빼고 참기름, 소금, 통깨를 넣고 무친다.
4 분량의 비빔밥 양념 재료를 모두 섞는다.
5 밥 위에 시금치, 당근, 콩나물, 김치를 올리고 비빔밥 양념은 따로 용기에 담아 곁들인다.

만드는 방법

1 물 2.5컵에 국물용 멸치와 다시마를 넣고 10분 정도 끓인 다음, 멸치와 다시마를 건져낸다.
2 국간장, 다진 마늘, 소금으로 간한다.
3 도토리묵은 길고 얇게 채썰고, 오이는 곱게 채썬다.
4 송송 썬 김치에 김치 양념을 넣고 버무린다.
5 종이컵에 묵, 오이, 김치를 순서대로 담는다.
6 국물은 보온병에 담고, 채썬 김은 눅눅해지지 않게 따로 지퍼백에 담는다.

TIP 비빔밥용 콩나물을 데친 물을 묵사발 국물로 사용하면 좋다.

PACKAGE

이렇게 포장해보세요

등산배낭에 넣기 편하도록 직사각형 용기에 비빔밥을 담고, 각자 자신의 도시락을 가져갈 수 있게 1인분씩 따로 포장하는 것이 좋다.
묵사발은 뚜껑 있는 커피용 종이컵에 국물과 김을 제외한 나머지 재료를 담고 뚜껑을 닫는다. 뜨거운 국물은 보온병에 담고, 김은 눅눅해지면 맛이 없으므로 채썰어서 지퍼백에 따로 담는다. 더운 여름에는 국물을 차갑게 식혀서 보냉병에 담아간다.

EPISODE
15

놀이터로 소풍가기

이번 한 번만……, 딱 이번 한 번만……, 정말 이번 한 번만……
아이의 찡긋거리는 윙크에 속아 오늘만 벌써 다섯 번째 놀이터행이다.
들락거리지 않으려고 아예 도시락을 싸서 놀이터로 소풍을 떠난다.

꼬마김밥 · 미니 사과

꼬마김밥 · 미니 사과

꼬마 김밥

밥 1.5공기, 김 3장
단무지 2줄, 맛살 1줄, 시금치 1줌
우엉조림 3줄, 달걀지단 3줄
당근 1/4개
참기름 · 소금 · 식용유 조금씩

밥 양념

참기름 1큰술
소금 1/2작은술, 통깨 조금

미 니 사 과

만 드 는 방 법

1 따뜻한 밥에 밥 양념을 넣어 버무린다.
2 시금치를 비닐봉지에 넣고 전자레인지에
2분 정도 돌려서 찬물에 헹구고 물기를 짠 다음,
소금, 참기름을 넣어 무친다.
3 당근은 곱게 채썰어 식용유을 두른 팬에
부드럽게 볶다가 소금으로 간한다.
4 김에 밥을 얇게 펴고 세로로 길게 자른 단무지,
3줄로 쪼갠 맛살, 시금치, 우엉조림, 달걀지단,
볶은 당근을 올려 돌돌 만다.
5 한입크기로 자른다.

큰 사과 보다는 아이가 먹기 좋게 앙증맞은
미니 사과를 준비한다. 껍질째 먹을 수 있도록
베이킹파우더를 푼 물에 10분 정도 담가 두었다가
깨끗이 문질러 닦는다.

이렇게 포장해보세요

간편하게 들고 나갈 수 있도록 미니 쇼핑백에 담는다.
아이가 왔다 갔다 먹을 수 있도록 한입크기의 음식들을 준비하고,
마실 물과 손을 닦을 물티슈도 함께 챙긴다.

EPISODE
16

두근두근 군대 면회 가는 길

내 가슴이 두근거려.
이렇게 설레는 마음, 잠이 오지 않았던 밤.
너를 처음 면회하러 가는 여행, 다 준비됐나?
기차를 타고 산 넘어 물을 건너 기다리는 너에게로 간다.

불고기 쌈밥 · 치킨너겟 · 달걀말이 · 과일

불고기 쌈밥 · 치킨너겟 · 달걀말이 · 과일

불고기 쌈밥

밥 1.5공기, 상추 15장, 소고기(불고기용) 150g
식용유 1큰술, 쌈장 조금

불고기 양념

간장 1큰술, 설탕 · 맛술 · 다진 파 2작은술씩
다진 마늘 1작은술, 통깨 · 참기름 · 후춧가루 조금씩

만드는 방법

1 소고기는 한입크기로 썰어 불고기 양념에 버무린 다음, 식용유를 두르고 달군 팬에 부드럽게 볶는다.
2 밥은 한입크기로 살짝 뭉쳐서 엄지로 살짝 가운데를 누른 다음, 상추로 동그랗게 감싼다.
3 불고기와 쌈장을 올린다.
4 둥근 용기에 움직이지 않게 촘촘하게 담는다.

치킨너겟

닭안심 6쪽, 밀가루 1/2컵
빵가루 2컵, 달걀물 1개 분량
파마산치즈가루 2큰술, 파슬리가루 조금
버터 1큰술, 식용유 2큰술
칠리소스(시판용) · 소금 · 후춧가루 조금씩

만드는 방법

1 닭안심은 칼등으로 두들겨서 부드럽게 만든 다음, 소금, 후춧가루를 뿌려서 밑간을 한다.
2 밀가루, 빵가루, 파마산치즈가루, 파슬리가루를 섞는다.
3 닭안심에 달걀물을 묻히고, 2를 입힌다.
4 식용유와 버터를 팬에 두른 다음, 3을 노릇하게 굽는다.
5 칠리소스를 곁들인다.

달걀말이

달걀 2개, 우유 3큰술
소금 · 식용유 조금씩

만드는 방법

1 달걀을 곱게 풀고 우유와 소금을 넣어 섞는다.
2 식용유를 두른 팬에 달걀물을 붓고 약한 불로 익히다가 돌돌 말아서 팬 가장자리로 밀어놓는다.
3 다시 달걀물을 부어 2의 달걀말이와 연결시키면서 익힌 다음 돌돌 만다. 1번 더 반복하여 도톰하게 만든다.
4 1cm 폭으로 썰어서 비스듬히 잘라 사진처럼 하트모양을 만들어 담는다.

과일

식사 후에 디저트로 먹을 수 있는 과일을
색색으로 풍성하게 준비한다.

이렇게 포장해보세요

도시락을 하나씩 열 때마다 기대할 수 있게 3단으로 준비한다. 크기가 다른 용기를 차곡차곡 쌓은 다음, 리본으로 묶으면 3단 케이크 느낌이 난다. 사랑스러운 느낌의 핑크빛 리본이나 보자기로 포장하고, 양면테이프를 도시락 용기 윗면과 바닥에 붙여서 리본이 흘러내지 않게 고정한다.

EPISODE
17

한밤의 드라이브

차로 꽉 막혀 있던 여의도 한복판 도로가 믿을 수 없을 정도로 적막해진 한밤.
빌딩도 지쳐 보이고, 사방으로 연결되어 있는 다리도 고달파 보인다.
순식간에 적막해진 매력적인 도로를 씽씽 달려,
한강에 도착했다.
지치고 힘들었던 우리는 어디에도 없다.

식빵 핫도그 · 유자 아이스

식빵 핫도그 · 유자 아이스

식빵 핫도그

식빵 2장
프랑크소시지 2개
다진 피클 4큰술, 다진 양파 4큰술
버터 · 머스터드 · 케첩 조금씩

만드는 방법

1 식빵은 버터를 녹인 팬에 바삭하게 굽는다.
2 프랑크소시지는 칼집을 내서 굽는다.
3 식빵을 손 위에 올려놓고, 프랑크소시지, 다진 피클, 다진 양파, 머스터드, 케첩을 올린 다음 식빵을 감싸듯이 오므린다.

유자 아이스

유자청 6큰술, 사이다(또는 탄산수) 2컵
따뜻한 물 · 얼음 조금씩

만드는 방법

1 유자청에 따뜻한 물을 조금 넣어서 녹인다.
2 투명컵에 1을 담고 사이다나 탄산수, 얼음을 넣는다.

이렇게 포장해보세요

식빵 핫도그는 유산지 위에 올리고 양옆을 비틀어서 손으로 들고 먹기 편하게 사탕모양으로 포장한다. 유자 아이스는 차에서 먹을 때 쏟아지지 않도록 뚜껑 있는 투명컵에 담아 빨대를 꽂는다. 나무상자나 종이상자처럼 생긴 트레이에 담아서 가져가면 차 안에서 흔들리지 않을 뿐더러 차 안이나 밖에서 먹을 때도 안정되게 먹을 수 있다.

EPISODE 18

부르면 OK! 친구야 놀러가자

이런 친구가 있었으면 좋겠어.
어디서 몇 시에 만나기로 약속하지 않아도 전화하면 바로 뛰어나오는 친구,
굳이 좋은 곳을 찾아가지 않아도 되는 친구,
침묵이 어색하지 않은 친구,
문득문득 꿈에서라도 안부를 전하는 친구,
몇 달 만에 만나도 꼬치꼬치 캐묻지 않는 친구,
나도 그런 친구였으면 해.
너에게.

내맘대로 김말이 · 토마토 마리네이드

내맘대로 김말이 · 토마토 마리네이드

내맘대로 김말이

밥 2공기, 김 6장, 치커리 6장
적양배추 3장, 오이 1/2개, 빨강 파프리카 1/3개
단무지(5㎝) 1토막, 당근 1/4개
날치알 5큰술, 간장·고추냉이 조금씩

배합초

식초 5큰술, 설탕 4큰술
다시마 5×5㎝ 1장
소금 1작은술

만드는 방법

1 분량의 배합초 재료를 냄비에 넣고 설탕과 소금이 녹을 때까지 살짝 끓여서 식힌다.
2 적양배추, 오이, 당근, 빨강 파프리카, 단무지는 곱게 채썰고, 치커리는 5㎝ 길이로 잘라 용기에 가지런히 담는다.
3 김은 4등분한 다음 눅눅해지지 않게 지퍼백에 따로 담는다.
4 날치알은 작은 용기에 따로 담는다.
5 따뜻한 밥에 1의 배합초 4큰술을 넣고 섞어서 한김 식힌 후 용기에 담는다.
6 간장에 고추냉이를 섞어서 작은 소스통에 담는다.

토마토 마리네이드

방울토마토 20개, 양파 1/4개
블루베리·리코타치즈·바질 조금씩

마리네 소스

올리브유 5큰술, 식초 2큰술, 설탕 2큰술
소금·후춧가루 조금씩

만드는 방법

1 방울토마토는 꼭지를 떼고 윗부분에 X자로 칼집을 낸다.
2 방울토마토를 체에 올려 끓는 물에 10초 정도 담갔다가 바로 찬물에 헹군다.
3 방울토마토는 껍질을 벗기고, 양파와 바질은 곱게 다진다.
4 분량의 마리네 소스 재료에 다진 양파와 바질을 넣고 섞는다.
5 껍질을 벗긴 방울토마토, 블루베리, 리코타치즈를 용기에 넣고 살짝 뒤섞은 후 위에 4를 끼얹는다.

이렇게 포장해보세요

내맘대로 김말이는 재료를 펼쳐 놓고 각자 먹고 싶은 대로 직접 말아서 먹는 메뉴이므로, 용기에 담은 재료를 바로 꺼내서 먹을 수 있게 큰 바구니에 담는 것이 좋다. 각자 말아서 먹을 수 있도록 종이접시나 나무접시 등의 개인접시를 준비하고, 물티슈도 잊지 않고 챙긴다.
음료수를 담은 병은 보자기로 돌돌 말아서 포장하면(p.29 병 보자기 참조) 들기도 편하고 보기에도 멋스럽다.

EPISODE
19

먹고 힘내자! 문병 가는 길

치질수술을 하고 병원에 있다는 이야기에 장난 반, 진심 반으로 문병을 갔다.
평생 다이어트 운운했던 친구에게 이런 다이어트 비법이 있을까 싶을 정도로 해쓱해진 모습.
아픈 친구인 걸 잊어버리고 진심으로 나를 아껴주는 친구 앞에서
그동안 가슴 속에 담아두었던 별의별 이야기를 다 꺼내버렸다.
한바탕 웃고 돌아오는 길,
무엇보다 웃음이 강력한 회복제가 되길 바란다, 친구!

전복죽 · 전복구이 덮밥 · 물김치 · 귤

전복죽 · 전복구이 덮밥 · 물김치 · 귤

전복죽(환자용)

불린 쌀 1/3컵
물 2컵
전복 2개
참기름 1.5큰술
소금 조금

만드는 방법

1 전복은 내장과 살을 분리하여 잘게 자르고, 불린 쌀은 방망이로 두드려서 으깬다.
2 참기름 1큰술을 두른 냄비에 내장을 볶다가 물 1/2컵을 넣어 한소끔 끓인 다음, 체에 걸러 내장국물을 만든다.
3 참기름 1/2큰술을 두른 냄비에 불린 쌀을 볶아서 반투명한 상태가 되면, 2의 내장국물과 나머지 물을 조금씩 넣어가면서 끓인다.(중간중간 눌어붙지 않게 저어준다)
4 쌀이 잘 퍼지면 전복살을 넣어 한소끔 끓인 다음, 소금으로 간을 한다.

전복구이 덮밥(보호자용)

밥 1공기
주키니호박(5cm) 1토막, 가지(5cm) 1토막
전복 2개
식용유 조금

양념
간장·올리고당 2큰술씩, 굴소스 1작은술

만드는 방법

1 주키니호박과 가지는 도톰하고 둥글게 썰고, 전복은 넙적하게 반으로 저민다.
2 식용유를 두른 팬에 주키니호박, 가지, 전복을 노릇하게 구운 다음, 양념을 넣고 자작하게 조린다.
3 도시락에 밥을 담고, 그 위에 2를 가지런히 올린다.

TIP 환자의 건강이 우선이지만, 보호자의 건강도 세심하게 신경써야 한다. 문병을 갈 때는 환자를 위한 음식과 함께 보호자를 위한 도시락도 함께 준비하자.

물김치 · 귤

소화에 도움이 되는 물김치와 식사 후 출출할 때 먹을 수 있게 귤이나 금귤 등을 곁들인다.

이렇게 포장해보세요

죽은 따뜻하게 먹을 수 있도록 보온용기에 담고, 물김치는 적당한 양을 일회용 용기에 담아 준비한다. 귤은 비닐에 넣고 끈이나 리본으로 묶는다. 바닥이 넓은 비닐백이나 종이쇼핑백이 좋지만, 없으면 넓은 트레이를 비닐백 안에 넣고 도시락을 담아도 좋다. 이렇게 하면 이동 중에 도시락 용기가 기울어지는 것을 막을 수 있다.

EPISODE
20

여보, 나 외출해요! 저녁은 도시락

저녁 약속을 잡고 전화 한 통으로 통보만 했으면 좋겠어.
저녁밥을 준비하지 않고 외출해도 미안한 생각이 들지 않았으면 해.
늦게 들어와도 불이 꺼져 있지 않았으면 해, 나도.
나도 외출하고 싶어. 밤 늦게까지, 아주아주 오래. 걱정 없이, 미안한 마음 없이.
그래도 어쩔 수 없나봐. 도시락을 식탁 위에 올려두었어. 오순도순 좋은 저녁이 되길……
오늘 저녁은 날 잊어줘, 제발!

두부 동그랑땡 · 감자샐러드 · 어묵볶음

두부 동그랑땡 · 감자샐러드 · 어묵볶음

두부 동그랑땡

두부 1/2모
다진 시금치·다진 양파·다진 당근 3큰술씩
달걀물 1개 분량, 밀가루 3큰술
식용유·소금 조금씩

만드는 방법

1 두부는 칼등으로 으깬 후 물기를 짜낸다.
2 두부와 다진 시금치, 양파, 당근을 섞어서 소금으로 약하게 간을 한 다음, 동그란 모양을 만든다.(물기가 너무 많으면 빵가루를 넣어 농도를 조절한다)
3 2에 밀가루와 달걀물을 순서대로 입혀 식용유를 두른 팬에 노릇하게 부친다.

감자샐러드

감자(중간 크기) 2개, 프랑크소시지 1개
마요네즈 5큰술, 파슬리가루 조금
소금·후춧가루 조금씩

만드는 방법

1 감자는 껍질을 벗겨 소금을 넣고 끓인 물에 삶아서 으깬다.
2 프랑크소시지는 얇고 둥글게 썬다.
3 감자, 프랑크소시지, 마요네즈, 파슬리가루, 소금, 후춧가루를 넣고 버무린다.

어묵볶음

어묵 3장, 양배추 2장, 통깨 조금

어묵 양념

간장·올리고당 1큰술씩, 다진 파 조금

만드는 방법

1 어묵은 한입크기로 썰고 양배추는 굵게 채썬다.
2 식용유를 두른 팬에 어묵과 양배추를 볶다가 어묵 양념을 넣고 볶는다.
3 통깨를 뿌린다.

TIP 식어도 맛있게 먹을 수 있는 메뉴로 구성한다.

이렇게 포장해보세요

아빠와 아이 도시락은 따로 싸서 각자 앞에 놓고 먹게 한다. 설거짓감이 많이 생기지 않도록 도시락 안에 밥과 반찬을 함께 담고, 김치는 다른 용기에 따로 담아 냉장고에 넣어둔다. 남편과 아이의 양을 감안해서 도시락 용기도 그에 맞는 크기로 각각 준비하고, 전하고 싶은 메시지를 적어서 함께 놓아보자.

Episode	힘을 내요, 미스터 Lee!	캠핑장, 바비큐 파티
	이웃간 단합대회	암 유어 팬! 팬심 도시락
	아이의 추억, 운동회	유치원 간식 선물
	오늘밤 1703호, 맥주파티!	부모님 어깨 으쓱 도시락
	산소 가는 길	포트락 파티

Recipe & Package	치킨 스낵랩 · 바질파스타 · 탄산소다	모둠 바비큐 · 파스타 샐러드 · 허브 아이스
	지라시 스시 · 핫도그 샌드 · 수박바 · 바게트	동글동글 스시 · 쇼콜라
	따로따로 김밥 · 치킨윙	차돌박이 구이 · 자몽 샐러드 · 과일주스
	새우 스프링롤 · 나초피자 · 토마토치즈 꼬치	미니햄버거 · 얼굴과자
	호밀빵 샌드위치 · 견과류 스낵	캔디박스 · 마시멜로 목걸이
		모둠쌈밥 · 더덕구이 · 데리야키 연어
		연어초밥 케이크 · 오픈 샌드위치
		애플파이

여럿,

여럿이어서 더 즐거운 도시락

EPISODE
21

힘을 내요, 미스터 Lee!

새벽에 나가 밤늦게 귀가하는 당신.
얼굴도 잊을 정도로 바쁜 것 같아 서글프지만,
가족을 위해 밤낮없이 달리는 그 마음만은 잘 알고 있어요.
고생하는 당신과 당신의 동료를 위해 새벽부터 갖가지 음식을 준비해서
당신의 회사로 출동할게요. 오랜만입니다, 당신 …….

치킨 스낵랩 · 바질파스타 · 소다

치킨 스낵랩 · 바질파스타 · 탄산소다

치킨 스낵랩

또띠야 6장, 닭고기 안심 6장, 양상추 6장, 베이컨 6장
밀가루 1/3컵, 달걀물 1개 분량, 버터·식용유 2큰술씩
소금·후춧가루 조금씩

머스터드 소스

마요네즈 3큰술, 머스터드 2큰술, 꿀 2작은술

치킨옷

밀가루 1/2컵, 빵가루 2컵, 파마산치즈가루 1큰술
소금·후춧가루·파슬리가루 조금씩

만드는 방법

1 마른 팬에 또띠야를 앞뒤로 뒤집어주면서 10초씩 굽는다.
2 베이컨을 굽는다..
3 닭고기 안심은 칼등으로 가볍게 두드려서 편 다음 소금, 후춧가루로 밑간을 한다.
4 분량의 치킨옷 재료를 섞는다.
5 닭고기 안심에 밀가루, 달걀물, 치킨옷을 순서대로 입힌 다음, 식용유와 버터를 두른 팬에 노릇하게 굽는다.
6 분량의 소스 재료를 섞는다.
7 또띠야 위에 양상추, 베이컨, 5, 소스를 올린 다음, 동그랗게 말아서 유산지에 싼다.

바질파스타

푸질리 3줌, 바질잎 조금, 방울토마토 6개
파마산치즈가루·올리브유·후춧가루 조금씩

바질 페스토

바질 2컵, 잣·파마산치즈가루 1/2컵씩
엑스트라버진 올리브유 3/4컵, 다진 마늘 1/2큰술
소금 1/2작은술, 후춧가루 조금

만드는 방법

1 푸질리는 끓는 물에 10분 정도 삶아 올리브유, 파마산치즈가루, 후춧가루를 넣고 버무린다.
2 분량의 바질페스토 재료를 믹서기에 곱게 간다.
3 푸질리를 담고 바질페스토, 바질잎, 방울토마토를 얹는다.

탄산소다

점심식사 후의 나른함을 날려버릴 수 있도록 살짝 얼려 차가운 탄산소다도 함께 준비한다.

이렇게 포장해보세요

일하면서 1개씩 먹을 수 있도록 치킨 스낵랩과 바질파스타를 유산지와 일회용 용기에 각각 개별 포장한 후, 다시 상자에 담아 선물의 느낌을 살린다. 파이팅 메시지를 적은 메모나 태그를 붙이면 마음을 더 효과적으로 전달할 수 있다. 약간 두꺼운 종이에 메시지를 인쇄해서 알맞은 크기로 자르고 양쪽 가장자리 끝에 칼집을 낸 다음, 리본이나 끈으로 연결해서 스낵랩에 두르거나 상자에 묶어준다. 이렇게 하면 포장을 고정하는 동시에 메시지 카드로 마음도 전할 수 있다.
살얼음이 살짝 언 탄산소다는 일회용 아이스 전용백에 넣는다.

EPISODE
22

이웃간 단합대회

새로운 동네에 이사 와서 어색함을 없애려고
여기저기 기웃기웃 이웃 탐색 중.
한눈에 알아본 내 스타일 1001호, 1903호,
이곳에서의 새로운 생활이 즐거울 것 같아! 야호~~
자 그럼, 우리 단합대회 먼저 해볼까요?

지라시 스시 · 핫도그 샌드 · 수박바 · 바게트

지라시 스시 · 핫도그 샌드 · 수박바 · 바게트

지라시 스시

밥 3공기, 오이 1/2개, 날치알 1/2컵, 달걀 1개
후리카케 4큰술, 새우살 1컵, 표고버섯 4개, 완두콩 1/3컵

배합초

식초 5큰술, 설탕 4큰술, 다시마 5×5㎝ 1장, 소금 1작은술

표고버섯 양념

간장 1큰술, 맛술 2큰술

새우 양념

설탕 1큰술, 식초 2큰술, 소금 조금

만드는 방법

1 새우살은 살짝 데쳐서 새우 양념을 넣어 버무리고, 완두콩은 끓는 물에 살짝 데친다.
2 달걀은 얇게 부쳐서 채썰고, 오이도 곱게 채썬다.
3 표고버섯은 얇게 채썰어 양념을 넣고 살짝 볶는다.
4 분량의 배합초 재료를 냄비에 넣고 설탕과 소금이 녹을 때까지 끓여 식힌다.
5 따뜻한 밥에 4의 배합초 5큰술과 후리카케를 넣고 섞는다.
6 5에 날치알, 오이, 달걀지단, 표고버섯, 새우, 완두콩을 분량의 2/3 정도만 넣고 살짝 섞는다.
7 6을 도시락 용기에 담고 남은 6의 재료를 위에 올린다.

핫도그 샌드

핫도그빵 6개, 후랑크소시지 6개, 치커리 6장
다진 피클·다진 양파 1컵씩
마요네즈·머스터드·케첩 조금씩

만드는 방법

1 핫도그빵은 반으로 가른 후 자른 면에 마요네즈를 얇게 바른다.
2 프랑크소시지는 칼집을 넣어 굽는다.
3 핫도그빵 사이에 치커리, 프랑크소시지, 다진 피클, 다진 양파를 끼워 넣는다.
4 머스터드와 케첩을 뿌리거나 곁들인다.

수박바

하나씩 들고 먹을 수 있도록 수박 껍질에 막대기를 꽂아 준비한다.

바게트

바게트는 잘라서 준비하거나, 자르는 칼을 가져가 즉석에서 잘라 먹는다. 안초비, 치즈딥, 바질페스토, 크림치즈, 올리브, 할라피뇨 등을 곁들여 취향에 맞게 바게트 위에 올려 먹는다.

이렇게 포장해보세요

각자 덜어 먹을 수 있게 지라시 스시는 일회용 용기에 2인분씩 나눠 담고, 핫도그 샌드는 유산지로 1개씩 단단히 포장해서 안의 내용물이 빠져나오지 않게 한다. 수박바는 마르지 않게 접시에 겹쳐서 놓은 채 비닐랩으로 덮고, 이동 중에 음식이 흔들리지 않도록 나무박스에 내용물을 꽉 채워서 담는다.

EPISODE
23

아이의 추억, 운동회

가물거리는 유치원 시절의 기억 중에서
만국기가 걸린 운동장과 공굴리기 하는 장면만 선명한 걸 보면
내 아이에게도 운동회는 분명 그리운 추억이 될 듯하다.
열심히 도시락을 준비해보았다.
추억 속의 한 장면이 되기 위해…….

따로따로 김밥 · 치킨윙

따로따로 김밥 · 치킨윙

따로따로 김밥

밥 4.5공기, 김 6장

밥 양념

참기름 3큰술, 소금·통깨 조금씩

소시지 김밥

프랑크소시지 2개, 양배추 잎 3장, 단무지 2줄
식용유·소금 조금씩

셀러리 김밥

함박스테이크(시판용) 1장, 어린잎채소 1줌
셀러리 2줄, 마요네즈 조금

장어 김밥

데리야키 장어(시판용) 1/3마리, 분홍생강절임 1/4컵
단무지 2줄, 무순 1/4줌, 깻잎 2장

만드는 방법

1 양배추는 가늘게 채썰어 식용유를 두른 팬에 부드럽게 볶아서 소금으로 간을 한다.
2 프랑크소시지는 식용유를 두른 팬에 노릇하게 굽는다.
3 함박스테이크는 구워서 1cm 두께로 썰고, 셀러리는 섬유질을 제거해서 손질한다.
4 데리야키 장어는 전자레인지에 따뜻하게 데워서 1cm 두께로 썰고, 분홍생강절임은 물기를 뺀다.
5 따뜻한 밥에 양념을 넣고 섞는다.
6 김 위에 양념한 밥을 얇게 펴고 양배추, 단무지, 프랑크소시지를 올려서 돌돌 말아 소시지 김밥을 만든다.
7 김 위에 밥을 얇게 펴고 어린잎채소, 셀러리, 마요네즈, 함박스테이크를 올려서 돌돌 말아 셀러리 김밥을 만든다.
8 김 위에 밥을 얇게 펴고 깻잎, 장어, 단무지, 분홍생강절임, 무순을 올려서 돌돌 말아 장어 김밥을 만든다.
9 모두를 한입크기로 썬다.

TIP 아빠를 위한 '장어 김밥', 엄마를 위한 '셀러리 김밥', 아이를 위한 '소시지 김밥' 등 각자가 좋아하는 김밥을 준비한다.

치킨윙

닭날개 20개
식용유·소금·후춧가루 조금씩

치킨 양념

간장·굴소스·맛술·설탕 2큰술씩
올리고당·핫소스 1큰술씩

만드는 방법

1 닭날개는 소금, 후춧가루를 뿌려 밑간을 한 다음, 식용유를 넣어 살짝 버무린다.
2 분량의 치킨 양념 재료를 섞는다.
3 180℃로 예열한 오븐에 닭날개를 넣고 15분 정도 굽는다.
4 구운 닭날개를 양념에 버무려 200℃로 예열한 오븐에서 10분 동안 굽는다.

이렇게 포장해보세요

큰 도시락 용기에 3종류의 김밥, 치킨윙, 과일을 함께 담아 오순도순 나눠 먹을 수 있게 포장한다. 이때 치킨윙의 양념이 김밥이나 과일에 묻지 않게 파티션을 이용하거나 작은 박스를 이용하여 음식을 나눠 담는다. 과일에 깃발(p.46 참조)을 꽂아 장식하면 운동회 분위기가 나서 아이가 즐거워한다. 마실 것과 각자 덜어 먹을 수 있는 일회용 개인접시, 물티슈 등을 준비한다.

EPISODE
24

오늘밤 1703호, 맥주파티!

금요일 오후 단체문자 한 통.
"오늘밤 1703호로 모이세요. 간단한 맥주파티가 열립니다."
"마음은 가볍게, 복장은 걱정없이, 두 손은 무겁게!!!"
갑자기 즐거워졌다.

새우 스프링롤 · 나초피자 · 토마토치즈 꼬치

새우 스프링롤 · 나초피자 · 토마토치즈 꼬치

새우 스프링롤

춘권피 10장, 새우 10마리
모짜렐라치즈 1줌, 달걀노른자 조금
소금·후춧가루 조금씩
칠리소스 또는 시저드레싱(시판용) 조금
식용유 적당량

만드는 방법

1 새우는 껍질을 벗기고 살짝 데쳐서 가로로 저민다.
2 춘권피 위에 새우와 모짜렐라치즈를 같은 비율로 올린 다음, 소금과 후춧가루를 살짝 뿌린다.
3 춘권피 가장자리에 달걀노른자를 바른 후 돌돌 말아서 붙인다.
4 180℃ 기름에 노릇하게 튀기고, 칠리소스나 시저 드레싱을 곁들인다.

나초피자

나초 2줌, 다진 양파 1/4개, 다진 소고기 볶음 1/2컵
할라피뇨 1/3컵, 모짜렐라치즈 1컵
썬드라이 토마토(또는 토마토) 조금
파마산치즈가루·후춧가루 조금씩

만드는 방법

1 나초 위에 다진 양파, 소고기 볶음, 할라피뇨, 잘게 썬 썬드라이 토마토, 모짜렐라치즈를 올린다.
2 후춧가루와 파마산치즈가루를 살짝 뿌린다.
3 먹기 직전에 전자레인지에 넣어 1분 동안 돌린다.

토마토치즈 꼬치

방울토마토 5개, 포도알 5개, 페타치즈 10개, 올리브 10개

만드는 방법

방울토마토, 페타치즈, 올리브를 순서대로 꼬치에 꽂는다.
방울토마토 대신 포도로 바꾸어 꽂는다.

이렇게 포장해보세요

이웃과 부담없이 즐기는 맥주파티이므로 간편하고 맛있는 안줏거리로 준비한다. 나초피자는 그대로 전자레인지에 넣고 돌릴 수 있게 알맞은 크기의 종이접시에 담고, 새우 스프링롤과 토마토치즈 꼬치도 적당한 접시에 담아서 바로 먹을 수 있게 별다른 포장 없이 냅킨이나 종이로 살짝 덮어서 들고 간다.

EPISODE
25

산소 가는 길

친정집 산소 가는 날에는 매번 결석인데 시댁 산소 가는 날에는 눈치가 보여
커피며, 샌드위치며, 스낵이며…… 바리바리 준비해서 따라나서는 나의 부끄러운 이중생활.
그래도 아이에게 좋은 본보기가 되기 위해서
가는 길 배고프지 않게 정성껏 요깃거리를 준비해본다.

호밀빵 샌드위치 · 견과류 스낵

호밀빵 샌드위치 · 견과류 스낵

호밀빵 샌드위치

호밀식빵 6쪽
맛살 6개, 달걀 3개
양파 1/4개, 양상추 3장
피클 12쪽, 마요네즈 5큰술
소금·후춧가루 조금씩
식용유·파슬리가루 조금씩

견과류 스낵

만드는 방법

1 호밀식빵은 마른 팬에 앞뒤로 노릇하게 구워 한쪽 면에 마요네즈를 얇게 바른다.
2 맛살은 잘게 찢고, 양파는 곱게 다진 다음 소금, 후춧가루, 파슬리가루로 간을 맞추고 마요네즈를 넣어 버무린다.
3 달걀은 기름을 두른 팬에 부치고, 피클은 물기를 짠다.
4 식빵 위에 양상추, 달걀프라이, 2, 피클을 올리고 다른 식빵을 덮는다. 나머지 식빵도 같은 방법으로 만든다.

여러 가지 견과류를 준비해서 돌아가는 길에 차에서 먹을 수 있게 한다.

이렇게 포장해보세요

샌드위치는 유산지로 포장(p.59 참조)해서 2등분한 다음, 산소에 도착하면 1개씩 먹을 수 있게 큰 트레이에 담아 보자기로 싼다. 샌드위치가 마르지 않도록 비닐랩으로 한 번씩 더 싸도 좋다.
돌아가는 길에 차 안에서 간단하게 먹을 수 있게 종이컵에 여러 종류의 견과류를 골고루 담아서 포장한다.

종이컵으로 포장하기

종이컵 윗부분에 4곳 또는 5곳을 2cm 깊이로 칼집을 낸다. 안쪽으로 접어 서로 맞물리면서 오므린다.

EPISODE
26

캠핑장, 바비큐 파티

'캠핑'이 마음에 꽂힌 이후 좋아보이는 캠핑장비를 구입하기 위해
매일매일 눈 빠지게 서핑해서 완벽한 풀세트를 장만했는데……
정작 떠나려니 저 많은 장비를 들고 간다는 게 엄두가 나지 않는다.
휴~~~, 나의 장비병!
장비를 생각해서라도 오늘은 게으른 몸을 일으켜야지.

모둠 바비큐 · 파스타 샐러드 · 허브 아이스

모둠 바비큐 · 파스타 샐러드 · 허브 아이스

모둠 바비큐

소고기 400g, 주키니 1개, 파프리카 3개
브로콜리 1/2개, 새우(대하) 600g
레몬 1개, 소금·후춧가루 조금씩

만드는 방법

1 새우를 제외한 모든 재료를 큼지막하게 잘라 꼬치에 꽂는다.
2 소금, 후춧가루를 꼬치 위에 살짝 뿌린다.
3 새우는 깨끗이 씻어서 레몬을 곁들여 준비한다.

파스타 샐러드

어린잎채소 4줌, 방울토마토 10개
푸질리 2줌, 훈제 닭가슴살 2개
파마산치즈가루·올리브유·소금·후춧가루 조금씩

드레싱

올리브유 4큰술, 설탕·발사믹식초 1.5큰술씩
식초·다진 양파 2큰술씩
다진 마늘 1/2작은술, 후춧가루 조금

만드는 방법

1 푸질리는 삶아서 올리브유, 소금, 후춧가루, 파마산치즈가루를 넣고 살짝 버무린다.
2 훈제 닭가슴살은 얇게 편썰고, 방울토마토는 2등분한다.
3 어린잎채소에 방울토마토, 푸질리, 훈제 닭가슴살을 올리고, 분량의 드레싱 재료를 섞어서 곁들인다.

허브 아이스

얼음을 얼릴 때 민트, 바질 등의 허브잎이나 식용꽃을 넣고 함께 얼린 다음, 음료수에 넣어 마시면 허브향도 즐기고 장식적인 효과도 좋다.

이렇게 포장해보세요

파스타 샐러드는 뚜껑이 있는 대나무 찜기 등에 담으면 인원수에 맞춰 2단 또는 3단으로 포개서 들고 가기도 간편하지만, 여럿이 나눠먹기도 편리하다. 찜기 바닥에서 물이 새지 않도록 유산지나 쿠킹포일을 깔고 샐러드를 담는다.
모둠 바비큐는 꼬치에 꽂은 다음 밑간을 해서 바로 구울 수 있게 새우와 함께 바구니에 넣는데, 바구니 바닥에 쿠킹포일이나 유산지를 깔아 국물이 새는 것을 막고 생새우는 비린내가 바비큐 꼬치에 배지 않게 포일에 따로 싸서 담는다.
아이스박스에 얼음을 준비해서 캠핑장에 도착하면 양철바스켓에 얼음과 맥주를 함께 넣어 시원하게 만든다.

EPISODE
27

암 유어 팬! 팬심 도시락

TV를 보며 히죽거리고, 이글거리는 눈빛으로 광선을 쏘아보내고,
턱을 괴고 너만을 생각하면서 이름을 불러도 대답 없는 당신.
그래도 좋아!
이 세상에서 너를 가장 사랑하는 사람은 '나'니깐.
내 마음을 알아주지 않아도 좋아!
지금 이대로의 모습을 간직해주렴!
난 그뿐이야.

동글동글 스시 · 쇼콜라 · 차돌박이 구이 · 자몽 샐러드 · 과일주스

동글동글 스시 · 쇼콜라

동글동글 스시

밥 1.5공기
훈제연어 6장
데리야키 장어(2cm/시판용) 6쪽
새우 3마리

배합초

식초 5큰술
설탕 4큰술
다시마 5×5cm 1장
소금 1작은술

만드는 방법

1 분량의 배합초 재료는 설탕과 소금이 녹을 때까지 살짝 끓여서 식힌다.
2 따뜻한 밥에 배합초 3큰술을 넣어 버무린다.
3 장어는 따뜻하게 데우고, 새우는 살짝 데쳐서 가로로 저민 다음 배합초 1큰술로 버무린다.
4 작은 종지에 비닐랩을 깔고 훈제연어와 밥 1큰술을 올린 다음, 비닐랩을 오므려서 동그란 모양을 만든다.
5 장어와 새우도 같은 방법으로 만든다.

TIP 모양이 잘 잡히도록 1분 정도 두었다가 비닐랩을 벗기는 것이 좋다. 동글동글 스시 위에 파채, 케이퍼, 붉은 생강 등을 장식하면 보기에도 좋고 맛도 좋다.

쇼콜라

우유 1/2컵, 초콜릿 100g
버터 100g, 달걀 2개
설탕 140g, 코코아가루 40g
호두 1줌

만드는 방법

1 볼에 초콜릿, 버터, 우유를 넣고 중탕으로 녹인다.
2 달걀에 설탕을 넣어가면서 거품기로 저어 크림상태로 만든다.
3 2에 1을 넣고, 코코아가루를 체에 내려 넣는다.
4 케이크 틀 안에 유산지를 깔고 3을 붓는다.
5 호두를 위에 뿌리고 180℃로 예열한 오븐에서 40분 정도 굽는다.

차돌박이 구이 · 자몽 샐러드 · 과일주스

차돌박이 구이

차돌박이 100g
백만송이버섯 1줌
버터 1큰술
소금·후춧가루 조금씩

만드는 방법

1 차돌박이는 소금, 후춧가루를 뿌려서 살짝 굽는다.
2 버터를 녹인 팬에 백만송이버섯을 볶다가 소금을 살짝 뿌려서 간을 한다.
3 차돌박이와 백만송이버섯을 도시락 용기에 담고, 후춧가루를 살짝 뿌린다.

자몽 샐러드

어린잎채소 2줌, 자몽 1/2개
페타치즈 조금

드레싱

올리브유 2큰술
발사믹식초·레몬즙 1큰술씩
다진 양파 1/2큰술
설탕·소금·후춧가루 조금씩

만드는 방법

1 분량의 드레싱 재료를 섞는다.
2 자몽은 껍질을 까서 과육을 먹기 좋은 크기로 자른다.
3 어린잎채소, 페타치즈, 자몽을 담고 드레싱은 따로 곁들인다.

TIP 페타치즈 대신 코티지치즈를 직접 만들어서 사용해도 좋다. 우유를 약한 불에 끓인 다음, 식초나 레몬즙을 넣고 몽글몽글하게 만들어서 물기를 빼고 굳힌다.

과일주스

바쁜 연예인의 건강을 생각해서 과일주스를 곁들인다. 직접 과일을 갈아서 만들 경우 시간이 지나면 분리되므로, 시판용 과일주스를 넣는 것이 좋다.

이렇게 포장해보세요

도시락 상자를 열었을 때 음식이 한눈에 보이도록 포장한다. 이동 중에도 흔들리지 않게 알맞은 크기의 일회용 용기에 음식을 담아서 상자 안을 촘촘하게 채운다.
쇼콜라는 유산지로 싸서 양면테이프를 붙여 상자에 고정하거나, 유산지를 양면테이프로 상자 바닥에 붙이고 그 위에 놓아도 된다.
커트러리는 상자 속 남는 공간에 끼워 넣거나 마스킹테이프를 사용하여 상자 안쪽 뚜껑에 붙인다.
상자를 리본으로 묶은 다음 간단한 메시지를 적은 카드나 태그를 붙이는데, 리본만으로는 심심하다면 도일리를 리본 사이에 끼워 넣어도 예쁘다.

EPISODE

28

유치원 간식 선물

작은 손으로 햄버거를 들고 옹기종기 모여 앉아
친구들과 웃으면서 나눠 먹고, 한없이 종알거리는 모습을 상상하니……
나에게 이렇게 많은 행복을 주는 존재는 어디에도 없을 것 같아!
오늘도 최선을 다해 너를 사랑한다.

미니햄버거 · 얼굴과자 · 캔디박스 · 마시멜로 목걸이

미니햄버거 · 얼굴과자 · 캔디박스 · 마시멜로 목걸이

미니햄버거

모닝빵 8개, 다진 소고기 200g
다진 돼지고기 100g
다진 양파 1/2컵, 상추 8장
메추리알 8개, 피클 8쪽
슬라이스치즈 8장
스테이크 소스(시판용) 조금
마요네즈 · 식용유 조금씩
소금 · 후춧가루 조금씩

만드는 방법

1 메추리알은 프라이를 한다.
2 다진 소고기와 다진 돼지고기, 다진 양파, 소금, 후춧가루를 섞어서 모닝빵 크기에 맞게 동그랗게 빚는다.
3 식용유를 두르고 달군 팬에 2의 패티를 올려서 굽는다.
4 빵을 반으로 갈라서 마요네즈를 바르고, 상추, 치즈, 구운 패티, 피클, 메추리알 프라이를 올리고 스테이크 소스를 뿌린 후 반으로 가른 나머지 빵을 덮는다.

TIP 구울 때 패티 가운데를 눌러주면 고기가 부풀어 오르지 않고 고르게 익는다.

얼굴과자

얼굴
박력분 90g, 버터 50g, 달걀노른자 1개
슈거파우더 40g, 아몬드가루 20g

머리 · 눈
박력분 70g, 버터 50g, 달걀흰자 1/2개 분량
슈거파우더 35g, 코코아가루 5g

만드는 방법

1 버터를 부드럽게 녹이고 슈거파우더를 넣어 거품기로 살짝 섞는다.
2 1에 달걀노른자, 체에 내린 박력분, 아몬드가루를 넣은 다음, 주걱으로 자르듯이 섞는다.
3 2를 비닐봉지에 넣고 냉장고에서 30분 동안 휴지시킨다.
4 반죽을 밀대로 민 다음, 원형틀로 얼굴모양을 찍는다.
5 머리와 눈은 분량의 재료를 1, 2와 같은 방법으로 반죽한 다음, 얼굴모양 위에 머리와 눈을 만든다.
6 170℃로 예열한 오븐에 20분 정도 굽는다.

캔디박스 · 마시멜로 목걸이

여러 종류의 캔디를 준비해서 박스에 나눠 넣고, 마시멜로는 유산지로 사탕모양으로 싸서 하나하나를 이어 목걸이를 만든다.

이렇게 포장해보세요

미니햄버거는 내용물이 빠져나오지 않게 유산지로 단단히 싸고, 얼굴과자는 종이로 만든 삼각봉투에 담는다. 작은 상자에 미니햄버거와 얼굴과자, 음료수를 넣고, 상자 앞에 받을 친구의 이름을 표시한다. 캔디박스는 친구들과 같이 먹을 수 있게 작은 상자에 칸막이를 만들어서 캔디종류별로 나눠 넣고, 유산지로 사탕처럼 포장한 마시멜로는 리본으로 연결해서 친구 수에 맞게 목걸이를 만든다.

캔디박스

1 원하는 칸막이 수를 결정한 후, 상자길이와 높이에 맞게 단단한 종이를 재단한다.
2 칸막이를 할 위치에 종이 높이의 반 정도까지 자른다.
3 칸막이를 자른 부위에 서로 교차시켜 끼운 후 상자 안에 넣는다.

과자봉투

1 사진 가운데 세로줄처럼 종이의 좌우를 안쪽으로 접은 후, 오른쪽 종이의 끝을 밖으로 조금 접고 벌어지지 않게 가운데를 붙인다.
2 아랫부분을 2번 접은 후 테이프로 붙인다.
3 과자를 넣은 다음, 열려 있는 윗부분을 아랫부분과 반대방향으로 2번 접는다. 바로 꺼내서 먹을 수 있게 테이프는 붙이지 않는다.

마시멜로 목걸이

1 마시멜로를 유산지에 싼 다음, 양옆을 비틀어서 사탕모양을 만든다.
2 날개부분이 겹쳐지게 잡고, 매듭부분을 리본이나 실로 묶는다.
3 계속 묶으면서 둥글게 목걸이 모양으로 연결한다.

EPISODE
29

부모님 어깨 으쓱 도시락

자식 자랑하는 맛으로 사시는 부모님.
여러 면에서 부족한 자식이지만
부모님의 어깨가 잠깐이나마 으쓱해지는 도시락으로 즐겁게 해드릴 수 있을까?
등산 모임, 어머님 손에 들려드린 도시락으로 며칠 소녀처럼 행복하셨으면 좋겠다.
이 마음, 전달되도록 정성스럽게!

모둠쌈밥 · 더덕구이 · 데리야키 연어

모둠쌈밥 · 더덕구이 · 데리야키 연어

모둠쌈밥

밥 1.5공기, 호박잎 6장, 양배추 6장
묵은지 6장, 쌈장(시판용) 조금

밥 양념

참기름 1큰술, 소금 · 통깨 조금씩

만드는 방법

1 따뜻한 밥에 밥 양념을 넣어 섞는다.
2 호박잎과 양배추는 끓는 물에 부드럽게 데치고, 묵은지는 흐르는 물에 살짝 씻어 물기를 짠다.
3 호박잎, 양배추, 묵은지 각각에 쌈장 조금과 밥 1큰술을 올려 동그란 모양으로 감싼다.

더덕구이

더덕 200g
참기름 2큰술, 들기름 2큰술

더덕 양념

고추장 2큰술, 고춧가루 · 참기름 1큰술씩
간장 · 설탕 1/2큰술씩
다진 마늘 1작은술

만드는 방법

1 더덕은 겉면에 세로로 칼집을 넣어 껍질을 벗긴다.
2 세로로 얇게 편썰어서 3~4등분한 다음, 밀대로 살짝 민다.
3 더덕에 참기름을 넣어 버무린 후 10분 정도 둔다.
4 3에 분량의 더덕 양념 재료를 넣고 버무린다.
5 들기름을 두른 팬에 더덕을 올리고 약한 불에 노릇하게 굽는다.

TIP 양념한 더덕을 2~3일 정도 냉장보관한 다음에 구우면 더 깊은 맛이 난다. 더덕 진액으로 손이 아릴 때는 식초물에 손을 씻는다.

데리야키 연어

연어 10×10cm 2조각, 아스파라거스 3개, 전분가루 2큰술
식용유 · 소금 · 후춧가루 조금씩

데리야키 양념

물 2큰술, 간장 · 설탕 · 맛술 1큰술씩

만드는 방법

1 연어는 소금과 후춧가루를 뿌려 밑간을 하고 한입크기로 썬다.
2 연어에 전분가루를 살짝 묻힌다.
3 식용유를 두른 팬에 아스파라거스를 노릇하게 구워서 꺼내고, 거기에 연어를 굽는다.
4 분량의 데리야키 양념 재료를 섞어서 넣고 연어를 살짝 조린다.
5 구운 아스파라거스를 넣고 버무린다.

PACKAGE

이렇게 포장해보세요

부모님께 선물을 드린다는 마음으로 정성껏 포장한다. 도시락 용기가 1개 이상이면 폭이 좁은 천으로 묶어서 고정한다. 도시락을 감싼 천을 고무줄로 단단히 묶은 다음, 천 가장자리를 고무줄에 끼워서 동그랗게 만든다.(P.25 똥머리 보자기 참조) 마음을 전하는 간단한 메시지를 카드에 써서 함께 넣어 부모님 마음을 행복하게 해드려보자.

1번째 묶기　　2번째 묶기

EPISODE
———
30

포트락 파티

내가 준비한 음식에
더 눈길이, 더 손길이, 더 마음이 갔으면 한다.
티 내지 않는 은밀한 신경전에 오늘은 더욱, 한껏 솜씨를 부려본다.
이만하면 괜찮겠지?

연어초밥 케이크 · 애플파이 · 오픈 샌드위치

연어초밥 케이크 · 오픈 샌드위치

연어초밥 케이크

밥 2공기
슬라이스 훈제연어 1팩
오이 1개

배합초

식초 5큰술, 설탕 4큰술
다시마 5×5cm 1장
소금 1작은술

만드는 방법

1 분량의 배합초 재료는 설탕과 소금이 녹을 때까지 살짝 끓여서 식힌다.
2 따뜻한 밥에 배합초 4큰술을 넣어 섞는다.
3 오이는 필러로 얇게 편썰어서 키친타월로 물기를 닦는다.
4 훈제연어는 키친타월로 기름기를 제거한다.
5 지름이 20cm 정도 되는 원형 그릇(또는 베이킹틀)에 비닐랩을 깔고 오이 2쪽, 연어 2쪽을 돌아가면서 깐 후 밥을 꼭꼭 눌러 담는다.
6 늘어진 오이와 연어를 밥 위로 올리고, 비닐랩을 덮어서 꼭꼭 눌러 모양을 잡은 다음, 그릇째 엎어 밥을 빼낸다.
7 비닐랩을 벗겨서 용기에 담고, 훈제연어로 꽃모양을 만들어서 연어초밥 케이크 위에 장식한다.

오픈 샌드위치

호밀바게트 1개

①
바질페스토, 안초비, 올리브
②
카망베르치즈, 호두, 꿀
③
크림치즈, 훈제연어, 딜
④
아보카도, 올리브유, 후춧가루

만드는 방법

1 호밀바게트는 1cm 두께로 썰어서 마른 팬이나 오븐에 바삭하게 굽는다.
2 바게트 위에 ①, ②, ③, ④를 각각 보기 좋게 올린다.

애플파이

생지
박력분 180g, 버터 90g, 달걀물 1/2개 분량
슈거파우더 2큰술, 소금 조금

필링
사과 1개, 황설탕 1/2컵
버터 1큰술, 레몬즙 1작은술
시나몬가루 1작은술
딸기 3개

토핑
슈거파우더·메이플시럽·시나몬가루 조금씩

만드는 방법

1 사과는 깨끗이 씻어서 껍질째 얇게 편썬다.
2 냄비에 버터 1큰술, 황설탕 1/2컵을 녹이고 레몬즙을 넣는다.
3 사과를 넣고 저으면서 조리다가 시나몬가루를 넣어 섞는다.
4 생지 재료 중에서 박력분, 슈거파우더, 소금을 체에 내린 후 버터를 넣고 스크레이퍼로 자르듯이 섞는다.
5 버터가 완전히 섞이면 가운데에 홈을 만들어 달걀물을 조금씩 부으면서 섞는다.
6 냉장고에 30분 동안 휴지시킨 뒤에 밀대로 얇게 밀어서 지름 20㎝ 정도의 파이 생지를 만든다.
7 생지 바닥에 포크로 구멍을 낸 다음, 조린 사과와 편썰기한 딸기를 번갈아 올린다.
8 가장자리를 안쪽으로 접고 200℃ 오븐에서 30분 정도 구운 다음 메이플 시럽, 슈거파우더, 시나몬가루를 살짝 뿌린다.

이렇게 포장해보세요

깨끗하게 보관한 케이크 상자와 초콜릿 케이스를 포장에 활용한다. 바로 먹을 수 있게 초콜릿 케이스 안에 음식을 담고, 케이스를 차곡차곡 겹쳐서 케이크 상자 안에 넣으면 이동 중에도 흔들리지 않아서 좋다.

연어초밥 케이크와 오픈 샌드위치는 초콜릿 케이스에 담고, 유산지로 포장한 애플파이를 맨 위에 올린다. 구운 애플파이가 완전히 식지 않았다면 유산지를 살짝 벌려서 더운 김이 나가게 한다.

초콜릿 케이스는 종이상자보다 내용물이 보이는 투명 플라스틱 케이스가 좋다. 케이스 바닥에 예쁜 포장지나 도일리를 깔고 음식을 올리면 파티에 가져가서 식탁에 그냥 올려놔도 보기 좋다. (사진 속 플라스틱 케이스는 페레로로쉐 초콜릿 케이스)

애플파이 포장하기

1 유산지 가운데에 애플파이를 올린다.
2 좌우가 1㎝ 정도 겹치게 가운데로 접는다.
3 위아래를 각각 2번씩 접는다.

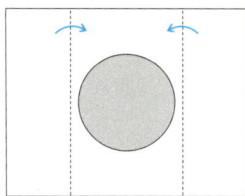 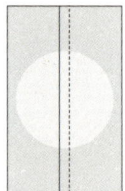 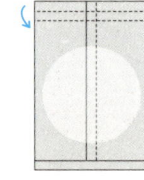

요리 **용동희**

서강대학교 화학공학 석사, 경희대학교 조리외식 석사를 취득하고 각종 잡지와 신문에 요리 기사를 연재하며 활발히 활동 중인 요리연구가 겸 푸드스타일리스트. KBS국제방송에서 일본에 한국요리를 소개하는 코너를 진행했으며, 일본인 대상 한국요리 강좌 및 대학과 문화센터 등에서 요리 강의를 하고 있다. 또한 한국에 일본 요리책을 소개하는 전문 번역가로도 활동 중이다. 지은 책으로 『살림의 기술』, 『당신에게 드리는 도시락 선물』, 『아이와 함께하는 행복한 요리』, 『찬국수』 등이 있으며, 번역서로는 『스시의 기술』, 『튀김의 기술』, 『파스타의 기술』, 『소스의 기술』, 『플레이팅의 기술』, 『어차피 냉동할 거라면_ 똑똑한 냉동 레시피 333』, 『샌드위치, 어떻게 조립해야 하나?』 등이 있다.

하나, 둘, 그리고 여럿…
당신에게 드리는 도시락 선물

펴낸이	유재영
펴낸곳	그린쿡
지은이	용동희
사 진	한정선
요 리	
어시스턴트	이현경, 김지수, 오지연
기획	이화진
편집	이화진·박선희
디자인	임수미

1판 1쇄	2015년 5월 10일
1판 2쇄	2016년 12월 27일
출판등록	1987년 11월 27일 제10-149
주소	04083 서울 마포구 토정로 53(합정동)
전화	324-6130, 324-6131
팩스	324-6135
E-메일	dhsbook@hanmail.net
홈페이지	www.donghaksa.co.kr
	www.green-home.co.kr

ISBN 978-89-7190-482-4 13590

◆ 잘못된 책은 바꾸어드립니다.
◆ 이 책은 저작권법에 따라 보호를 받는 저작물이므로 무단전재나 복제, 광전자매체 수록 등을 금합니다.
◆ 이 책의 내용과 사진, 그림의 저작권 문의는 그린쿡으로 해주십시오.

GREENCOOK은 요리분야 실용서 브랜드입니다. 최신 트렌드의 디저트, 브레드, 요리는 물론 세계 각국의 정통 요리를 소개합니다. 국내 저자의 특색 있는 레시피, 세계 유명 셰프의 쿡북, 한국·일본·영국·미국·이탈리아·프랑스 등 각국의 정통 요리 전문서도 번역하여 출간합니다. 요리를 좋아하고, 요리를 공부하는 사람들이 늘 곁에 두고 보면서 눈으로 보는 것만으로도 행복해지고, 직접 만들면서 실력을 키울 수 있는 그런 요리책을 만들고자 늘 노력하고 있습니다.